AF396084

CATALOGUS BIBLIOTHECÆ,

BEATE DEFUNCTI

NOBILISSIMI, ET GENEROSISSIMI DOMINI

ALBERTI NICOLAI

BARONIS BAVARIÆ A SCHAGEN, VETERIS ET NOVI GOUDRIAAN TOPARCHÆ, ORDINI EQUESTRII NOBILIUM HOLLANDIÆ ADLECTI, &c. &c. &c.

Qua vendetur Auctionis lege

IN ÆDIBUS BARONIS AB AERSSEN A VOSHOL.

Per JOAN SWART & MATTH. GAILLARD

BIBLIOPOLAS

Die Lunæ 10 April & sequent. 1752.

HAGÆ-COMITUM,

Apud JOAN SWART & MATTH. GAILLARD.

M. D. CC. LII.

NB. On avertit le Public, qu'on ne delivrera au-
cun Livre, que contre de l'Argent comptant, &
non en Or.

Si quelqu'un neglige de retirer, dans l'eſpace d'un
mois après la Vente, les Livres, qu'il y aura a-
chetés, il ſera libre aux Vendeurs de les revendre
ſans aucune Formalité Juridique: à charge que s'il
en vient moins, la perte & les fraix ſeront pour
compte du Premier Acheteur, & s'il en vient plus,
ce profit ſera à l'avantage des Vendeurs.

Tout Acheteur ſera obligé de joindre cinq Dutes à
chaque Florin.

ORDO VENDITIONIS.

Die Lunæ 10 April 1752.

Ante Merid.	Octavo	a Nº.	1 ad	— —	143.
	Quarto	——	1 ad	— —	102,
	Folio	——	1 ad	— —	52

Post Merid.	Octavo	——	144 ad	— —	193
	Quarto	——	103 ad	— —	161
	Folio	——	53 ad	— —	145

Die Martis 11 April 1752.

Ante Merid.	Octavo	a No.	194 ad	— —	428
	Quarto	a No.	162 ad	— —	212
	Folio	a No.	146 ad	— —	188

Post Merid.	Octavo	a No.	429 ad	— —	559
	Quarto	a No.	213 ad	— —	378

Die Mercurii 12 April 1752.

Ante Merid.	Octavo	a No. 560	ad	— —	742
	Folio	a No. 189	ad	— —	341

Post Merid.	Octavo	a No. 743	ad	— —	925
	Quarto	a No. 379	ad	— —	473

Die Jovis 13 April 1752.

Ante Merid.	Octavo	a No. 926	ad	— —	1035
	Folio	a No. 342	ad	— —	502

Post Merid.	Octavo	a No. 1036	ad	— —	1225
	Quarto	a No. 474	ad	finem.	

Die Veneris 14 April 1752.

Ante Merid.	Octavo	a No. 1226	ad	finem.
	Folio	a No. 503	ad	finem.

CATALOGUS LIBRORUM.

1 Biblia cum brevibus in eadem Annotationibus ex doctiss. interprationibus & Hebræorum Commentarius, Paris apud R. Stephan. 1522. Corio Turcico deaur. nitid. exemplar.

2 *Sainte Bible par Des Marets,* 2 *vol. grand papier Amst. 1663. chez Elzevier en veau.*

3 ——— *avec des Argumens & Reflexions par Ostervald, Amst. 1724. en veau.*

4 ——— *par le Cene, Amst. 1741.*

5 Nederduptsche Bybel Dort by Keur/ 1682. met de platen van Hoet Houbraken en Picart/ schoon van druck; 2 deelen franse banden.

6 Nederduptsche Bybel / Leyde 1614. fr. band.

7 *Discours Historiques, Critiques, Theologiques & Moraux sur la Bible par Mr. J. Saurin,* 6 *vol. papier superroyal avec des belles Tailles douces des premieres Epreuves. Amst. & Haye* 1720. *en veau.*

8 Thesaurus Sacrarum Historiarum S. Bibliorum P. Crispi, Sadeler, Muller & autres Auteurs.

9 *La St. Bible Representée en Figures Emblematiques ou Mystiques. grand folio in plano. relié en veau. tres rar.*

10 Bybelsche Historien / door Martien / Amsterd. 1703. met schoone plate. Eerse druk en root turks seer vergult op snee en plat.

11 'T groot Werelts Tafereel door J. Basnage / met platen van Rompn de Hooque / fr. band vergult.

12 Bybelsche Printen door M Meriaan en verklaring met 5 Taalen over-heerlyk afgezet in fr. band.

13 *L'Histoire du Vieux & du Nouveau Testament, avec*

A

des

Theologici in Folio.

des Figures & Explications, par Royaumont, Paris 1742. en veau.

14 Geschiedenisse des Ouden en Nieuwen Testaments door Hoet Houbraken en Picart / Hage 1728. 3 deelen met platen.

15 Annotations upon all the Books of the Old and N. Testament, 2 vol. Lond. 1651. fr. bt.

16 Evangeliorum Harmonia Gr. Lat. A. N. Toinard, Paris 1707.

17 Mozaïsche Historien en Joodsche oudheden door Goeree / met platen van Lupken / 6 deele groot papier fr. band

18 Flavius Josephus Joodsche Historie / Delft 1722. fr. band.

19 Basnage Vervolg op Flavius Josephus, Delft 1727. 2 deelen ribbe bande.

20 Historie der Doomen Martelaaren / Amst. 1658. rib band met platen

21 Theatrum Terræ Sanctæ & Biblicarum Historiarum cum Tabulis Geographicis ære expressis Auct. C. Adrichemio, Col. 1628. lig. gal.

22 Algemeen groot Historisch Naam- en Woorden Boek des gandschen Bybels door Aug: Calmet / met het Byvoegsel / 4 deele vol schoone plate groot papier fr. bande.

23 Van Bracht Martelaars-Spiegel der Doopsgesinde / Amst. 1685. 2 deele ribbe bande / groot papier met plate van J. Lupken

24 Godfrid Arnold Historien der Kerken en Ketteren / Amst. 1701. 3 deelen fr. bande met platen.

25 Ejusd. Afbeelding der Eerste Christenen / Amst. 1701. 2 deele franse banden met platen

26 J. Taylor Leven Jesu Christi / Uytr. 1700. met plate rib. band.

27 Erasmus over het N. Testament / Rott. 1660.

28 J. Calvini Institutiones Religionis Christianæ, L. Bat. 1654. rib band.

29 Hammond in Novum Testamentum cura Clerici, Amst. 1700.

30 Clerici

30 Clerici Commentarius in Vetus Teftamentum, Amft. 1731. 4 vol.

31 H. Grotii Opera omnia Theologica, 4 vol. Amft. 1679 rib. band.

32 Joh. Cocceji Opera omnia cum Anecdotis, 12 vol. Amft. 1701. rib. band.

33 Collectio Nova Patrum & Scriptorum Græcorum cum notis B. de Montfaucon, 2 vol. Gr. Lat. Paris 1706 Ch. Maj. lig. gal.

34 Sancti Irenæi opera, Venet. 1734. 2 tom. lig gal.

35 J. Gerfoni opera omnia, Antverp. 1706. 5 tom. Chart. Maj lig. gal.

36 Tornielli annales Sacra, Antverp. 1620 2 tom. lig. gal.

37 Annales Ordinis Sancti Benedicti, Paris 1703. 6 tom lig. gal.

38 Ph. a Limborg Theologia Chriftiana, Amfterd. 1695.

39 ——— ——— Epiftolæ Ecclefiafticæ & Theologicæ, Amft. 1684.

40 Natalis Alexandrini Hiftoria Ecclefiaftica, Paris 1730 8 tom.

41 Ejufd. Theologia Dogmatica, Paris 1714. 2 tom.

42 Eufebii, Theodoret, Evagrii, Socratis & Sozomeni Hiftoria Ecclefiaftica cum H. Valefiis Notis, Gr. Lat. Paris 1686. &c. 3 vol. lig. gal.

43 Sammarthani Gallia Chriftiana, 5 tom. lig. gal. ex Typographia, Regia 1715.

44 Juftini Philofophi & Martyris opera Gr. & Lat. Colon. 1686. rib. band.

45 Hexaplorum Origenis cum Notis B. de Montfaucon, 2 vol. Gr. Lat. Paris 1713. Ch. Maj. lig. gal.

46 A. Auguftinus de Civitate Dei, Paris 1651. ribbe band.

47 A. Cattenburgh Spicilegium Theologiæ Chriftianæ, Amft. 1726.

48 Wyngaart van St. Franciscus / 1500.

49 Alle de Theologische Werken van C. Lobe, Amft. 1669.

50 H. von der Hardt Concilium Conftantienfe, 6 tom. 4 vol. Helmft. 1700. lig. gal.
51 *Hiftoire de l'Eglife par A. Godeau*, 5 tom. 3 vol. gr. pap. Paris 1672. en veau.
52 Ed. Caftelli Lexicon Heptaglotton, Lond. 1669. 2 tom. 1 vol. rib. band.

Juridici & Politici in Folio.

53 COrpus Juris Civilis, Leydæ 1663. apud Elzevier lig. gal. nitid. exempl.
54 Codex Theodofianus cum Commentariis Jacobi Gothofredi, 6 tom. 7 parties Lipf. 1736. relié en 3 vol. proprement lig. gal.
55 Corpus Juris Canonici, Lugduni 1624. 3 tom. ribbe bande.
56 Giebert Corpus Juris Canonici, ibid. 1737. 3 tom.
57 Pandectæ Florentinæ, Florentiæ 1553. 3 tom. ribbe bande nit. exempl.
58 H. Grotius de Jure Belli ac Pacis cum Comment. G. vander Meule, 3 vol Amft. 1704. rib. bande.
59 S. van Leuwen Cenfura Forenfis, Amft. 1678.
60 Sanchez de Sancto Matrimonio, Lugd. 1654.
61 Savedræ Symbola Politica, Bruff. 1649. cum fig. rib. b.
62 J. D. Gaiti de Credito, Genev. 1695.
63 Joan. Ant. Mangilius de Evictionibus, 1668. Item de Imputationibus, Legitima Trebellianica & aliis quartis Contingentibus Bonorum Hæreditariorum. 1668.
64 Fr. Salgado Labyrinthus Creditorum, 2 tom. 1 vol. Antv. 1653
65 J. P. Fontanella de Pactis Nuptialibns, Genev. 1641.
66 Ejufd. Decifiones Senatus Cathalonici, 2 tom. 1 vol. ibid. 1692.
67 A Heringius de Fidejufforibus, ibid. 1675.

68 Serp.

68 Serp. de Seraphinis de Privilegiis Juramentorum cum Notis M. Benekendorfii, ibid. 1679.

69 G. Al. de Velafco de Privilegiis Pauperum & Miferabilium Perfonarum ad Legem Unicam, Lugd. 1669.

70 Ottonis Thefaurus Juris Romani, Lugd. Batav. 1725. 4 tom.

71 Fr. Maria Pecchius de Servitutibus in Genere, 2 tom. 1 vol. Genev. 1698.

72 Joh. Brunnemanni Comment. in Codicem, Lipf. 1699.

73 ————— ————— Comment. in Pandectas. Francof. 1699.

74 V. Carocii Locati & Conducti in quo Exacte de Penfionibus, Fructibus, Caducitatibus, Remiffionibus, Salariis & Similibus, Venet. 1649.

75 J. P. Actolinii Refolutiones Forenfes, Genev. 1686.

76 A. Anfelmi Commentaria ad Perpetuum Edictum, Antv. 1665.

77 ———— Tribonianus Belgicus, ibid. 1692.

78 ———— Codex Belgicus, ibid. 1649.

79 ———— Confultationes feu Refolutiones, ibid. 1671.

80 De Fideicommiffis Tractatus M. Ant. Peregrini cum Notæ Cafp. Lonigi, ibid. 1645.

81 Fr. Cenfalii Obfervationes in Peregrini, &c. Lugd. 1672.

82 Fr. Nigri Controverfiæ Forenfes, 2 vol. Genev. 1667.

83 J. Cancerii Variarum Refolutionum Juris, Lugd. 1685. 3 tom. 2 vol.

84 Difceptationes Forenfes Judiciorum St. Gratiani. 6 tom. 3 vol. Genev. 1645.

85 P. Voet Commentarius ad Pandectas, Hagæ 1707. 2 vol ribbe band.

86 R. Suarez Opera omnia, Antv. 16 8.

87 J. Hodierna L hac Edictali, ejufdem Additiones ad Surdum, Neapoli 1636. ribbe band.

88 J. Mafcardus de Probationibus , Francof. 1588.
3 tom.

89 H. Kinfcoti Refponfa five Confilia Juris, Bru-
xellæ 1653.

90 Mevius de Jurifdictione Summi Tribunalis Regis quod eft Vifmariæ, Francof. 1681.

91 Turrius de Cambiis, ibid. 1645.

92 C. Brederodii de Appellationibus, ibid. 1660.

93 P. Rebuffii In Conftitutiones Regias Commentarius accurante Joan L. Blafio, Amft 1668.

94 De Beneficio Inventarii Tractatus Varii Au-
thoribus Magni Nominis Jurifconfultus, Genev.
1672.

95 B. Straccha de Mercatura, Amft. 1669.

96 M. Berlichi Conclufionum Practicabulum , Arnh.
1644. ribbe band.

97 P. Chriftianæi Decifiones, Antv. 1671. 6 tom.
2 vol. ribbe band.

98 ———— Commentaria in Leges Municipales
Mechlinienfes, Antv. 1671. ribbe band.

99 A. Reyger Thefaurus Juris, 2 vol. Magdenb.
1616.

100 Eminentiffimi Dominici Tufchi Practicæ
Conclufiones Juris, 8 tom 4 vol. Lugd. 1660.
Edit optima.

101 J. Fr. Andreoli Controverfiæ Forenfes, Genev. 1668.

102 A. Mornatii Obfervationes in Viginti quatuor
priores libros Digeftorum Lutetiæ, Parifiorum
1721. 4 tom ribbe bande.

103 D. J. Damhouderii Opera omnia, Antv. 1646.
2 tom. 1 vol. ribbe band.

104 S. Scaccia de Sententia & Re Judicata, Lugd.
1628.

105 S. Scaccia de Judiciis Caufarum Civilium Criminalium & Hereticalium, Francof. 1648.

106 J. Janez Parladori Opera. Lugd. 1678.

107 M. Lotterius de Re Beneficiaria, ibid. 1659.

108 J. Cujacii Opera, quæ de Jure fecit, edi vo-
luit, Francof. 1623. ribbe band.

109 B.

109 B. Carpzovii rerum Criminalium &c. ibid. 1652.
ribbe band.

110 ———— Responfa Juris Electoralia, Lipfiæ
1642. ribbe band.

111 ———— Decifionum Illuftrium Saxonicarum,
&c. ibid. 1670. lig. gal.

112 S. Guazzini Opera Criminalia, Antverpiæ
1676. lig. gal.

113 C. Mollinæi Opera omnia, Lutetiæ Parifiorum 1625. 3 tom. ribbe band.

114 D. Mevii Commentarius in Jus Lubecenfe,
Francof. 1664, ribbe band.

115 J. Menochii Confilia five Refponfa, ibid. 1676.
5 tom. ribbe bande.

116 J. Menochius de Præfumtionibus, Conjecturi
Signis, Indiciis Commentaria, 2 tom. 1 vol.
1670.

117 — ———— de Arbitrariis Judicum Quæftio-
nibus & Caufis, Genev. 1672.

118 — ———— de Jurifdictione, Imperio & Po-
teftate, item de Immunitate Ecclefiæ, Lugd.
1695.

119 M. Collerius de Proceffibus Executivis, Francof.
1651. ribbe band.

120 G. Muda de Contractibus, ibid. 1586.

121 D. Covarruvii Opera omnia, Antv. 1627.

122 M. Fabri Rationalia in Pandectas, Colon. 1631.
3 vol. ribbe bande.

123 ———— Conjecturæ Juris Civilis, ibid. 1630.
ribbe band.

124 ———— Codex Fabrianus Definitionum Fo-
renfium, ibid. 1626. ribbe band.

125 P. Pechii opera omnia, Antverp 1647. rib. bt.

126 D. Bladius Altimarus de Nullitatibus Sententia-
rum, Decretorum, Laudorum, Arbitramentorum
& quorumque Actnum Judicialium, Col. 1720.
8 tom. 5 vol. rib. bande.

127 J. A. Boffius de Effectu Contractus Matrimonii,
Lugd. 1666.

128 ————— de Peculiari Effectu Contractus Matrimonii

trimonii, nempe de dote Filiabus &c. Lugd.
1662.

129 J. & F. Sande Opera omnia. Juridica, Antverp.
1674. rib. band.

130 S. van Leeuwen Cenfura Forenfis, cum ob-
fervationibus G. de Haas, Lugd. Batav. 1741.

131 J Del Caftillo Sotomayor opera omnia, Lugd.
1667. 8 tom. 4 vol. lig. gal.

132 Pr. Farinaci Opera omnia, 22 tom. in 14 vol.
Francof. 1644. &c. rib. bande.

133 B. Briffonius de verborum quæ ad Jus pertinent
Significatione, Parifiis 1596. Liber Perq. rarus.

134 *Traité de la Police où l'on trouve l'Hiftoire de fon
Etabliffement. par de la Mare, 4 tom. 2 vol. Amft:
1729. en veau.*

135 *Corps univerfel Diplomatique du Droit des Gens,
Contenant un Recueil de Traités d'Alliance, de
Paix, de Treve &c. par du Mont, avec le Supple-
ment, Traité de Paix de Monf. de Torci, Memoires
& Negotiations de la Paix de Munfter Relié en 29.
vol. complet en veau.*

136 *J. M. Picard des Donnations entre Vifs & Tefta-
mentaires, 2 vol. Paris 1713. en veau.*

137 Het Groot Placcaat-Boek der Heeren Staaten Ge-
neraal en Staaten van Holland / 6 deelen met het
Regifter / op groot pap. in rood Turks leer / vergult op het snee en plat en het 6de deel in Pa-
rpfe band.

138 Van Loon groot Gelders Placcaat-Boek / Nimw.
1701.

139 Groot Placcaat-Boek van Utrecht / door van de
Water / Utregt 1729. 3 deelen.

140 Placcaat-Boeken van Braband en Vlaanderen /
15 deelen in fr. banden.

141 Alle de Werken van P. Bort / Leyden 1731.
ribbe band.

142 De Nagelate Werken van P. Bort / Utr. 1745.

143 Merula Placcaaten op de Wilderniffen / Hage
1608.

144 Brieven en Proces van Pefters en Zoon.

145 Resolutie der Heeren Staten van Holland ten tyde van den Raad-Penfionaris de Witt. Hage 1672.

Medici, Botanici & Philosophi in Folio.

146 J. Remelini Catoptrum Microcofmicum. cum fig.

147 G. Bidloo Anatomia Humani Corporis cum 105. Tabulis. Amft. 1685. lig. gal.   22 *flor*

148 Anatomia da Bernardino. Roma 1695. cum nitid. fig. lig. gal.

149 Diemerbroek Opera omnia Medica & Anatomica. Ultr. 1685. fig. lig. gal.

150 Hippocratis Opera omnia ex Jani Cornarii Verfione una cum J. Marinelli Comment. ac P. Matth. Pini Indice. Venet. 1737. 3 tom. I vol. lig. gal.

151 Zacuti Lufitani Medici & Philofophi Praxis Hiftoriarum. 2 vol. Lugd. 1649.

152 St. Chauvini Lexicon Philofophicum. Leov. 1713. rib. band.

153 Hortus Indicus Malabaricus adornatus per Henricum van Rheede van Draakenftein. &c. & Joh. Cafarium. Notis adauxit Arnoldus Syew. Medicinæ Profeffor. Amft. 1678. 12. vol. ribbe banden.   *100 flor*

154 Plantarum Hiftoriæ Univerfalis Oxonienfis Aut. R. Moriffon 3 tom., 2 vol. Oxon. 1715.   *30 flor*

155 S. *Vaillant Botanicon Parifienfes. Amft. 1727. avec fig. gr. pap. en veau.*

156 Ab. Munting van de Planten. 2 deelen vol platen / gr. papier. Leyde 1696. in fr. banden fchoon exempl.

157 Malabaarfche Kruythof / door Drakenftyn. 2 deele met platen / fr. band.

158 Dodoneus Herbarius. Antw. by Plantin 1644. befte druk / fr. band.

159 *Bothonologia: the Englifh Herbal of Hiftoria of Plants by W. Salmon. Lond. 1710. fr. bt.*

16 *Medici, Botanici & Philosophi in Folio.*

160 Stirpium Icones Aut. D. Chabræo. Genev.
1666.

161 *Dictionaire Oeconomique Contenant divers Moyens
d'Augmenter son bien & de Conserver sa Santé, par
Chomel. 2 vol. avec fig. de Picart. Amst. 1732.
en veau.*

162 J. Jacobi Scheuchzeri Herbarium Diluvianum.
L. Bat. 1723. fig.

163 Alkmaarsche Lusthof van Tulpanen/ zynde ver-
kogt op den 5 Feb. 1635. bedragende 89988. gl.
zeer curieus Geschildert met Waterverw/ gebonden
in rood Turks leer vergult.

164 Plantæ per Galliam, Hispaniam & Italiam
Observatæ Iconibus Æneis exhibite autore
Barreliero. 3 tom. vol. ch. maj. Paris 1734.
r. b. deaur.

165 *Description des Plantes de l'Amerique, par Plu-
mier. Paris de l'Imprimerie Royale. 1713. en veau
doré sur tranche.*

166 *Traité des Fougeres de l'Amerique, par le même.
Paris 1705. de l'Imprimerie Royale. en veau doré
sur tranche.*

167 Nurenburgische Hesperdes 8 theile 2 vol. durch
J. C. Volkamer mit schönen kupffern. Nuremb
1705. fr. b.

168 Hortus Regius, pars Prior. Paris. 1665. corio
Turſico deaur.

169 Verandering der Surinaamsche Insecten/ door
Maria Sybilla Meriaan/ op het allergrootste en
swaarste papier/ heerlyk door haar Ed. selfs afge-
set/ in fr. band.

170 J. Jonston Beschryving van de Dieren/ Vissen
en Vogelen/ en Bloedelooſe Dieren. Amst. 1660.

171 *Ot. de Guerike de Vacuo Spatio. Amst. 1672. fig.*

172 *Oeuvres de Fontenelle. 3 vol. Amst. 1728. avec fig.
de B. Picart. gr. pap. en maroquin rouge, doré
par tout.*

173 *Les Images ou Tableaux de Platte Peinture des deux
Philostrates, par Vignere avec des belles tailles douces.
Paris 1614. en veau.*

174

174 Stanley Philosophische en Poetische Oudheeden. met plate f. band.

175 A. Kircheri Latium. Amst. 1671. cum fig. rib. band.

176 ———————— China Illustrata. ibid. 1667. fig. rib. band.

177 ———————— Arca Noæ. ibid. 1675. fig. rib. band.

178 ———————— Turris Babel. ibid. 1679. fig. rib. band.

179 *Dioptrique Oculaire, par le Pere d'Orleans. Paris 1670. en veau.*

180 De Calendario & Cyclo Cæsaris Aut. Fr. Blanchino. Romæ 1703. Item de Numno & gnomone Clementino. ibid.

181 D'Amboniſche Rariteytkamer, ſynde een Beſchryving van Hoorns / Schulpen en Mineralen &c. Amſt. 1705. vol pl. beſte druk fr. b.

182 *Methode de Dresser les Chevaux, par le Comte de Newcastle. Anvers 1658. avec des belles fig. relié en parchemin doré.*

183 H. Wilh. von Newcaſtle Reutereit bahn. Nurenb. 1700. mit kupffern. fr. band.

184 *L'Art de Monter à Cheval, ou Description du Manège Moderne dans sa perfection, par le Baron d'Isenberg, & gravé par Picart. Haye 1740. Item Dictionaire des Termes du Manege Moderne. Amst. 1747. en veau.*

185 *Ecole de la Cavalerie, par Guesniere. Paris 1733. fig. en veau.*

186 *La Parfaite Connoissance des Chevaux par J. de Saunier, Haye 1734 avec fig. grand papier en veau.*

187 *Instruction du Roy en l'Exercice de Monter à Cheval, par Pluvenel. Paris 1625. avec fig. en veau.*

188 Equile seu Speculum Equorum ad vivum omnes delineati J. Stradani. Antv. apud Galle.

Archi-

Architectura, Mathematici &c. in Folio.

189 VItruvius Britannicus. 2 *vol. Lond.* 1717. *avec des belles planches en veau.*

190 Groot volkomen Moolenboek door L. van Natris, J. Polly en C. van Buuren. 2 deelen. Amst. 1734.

191 Groot Algemeen Moolenboek / door Joh. van Zyl. 1 deel Amst. 1734.

192 Keurige Versamelingen van Waterwerken, Schutsluysen / Waterkeringen &c. door vander Horst. 2 deele. ibid. 1737.

193 Opstallen van Moolens / door P Limperg. 1 deel. ibid. 1727.

194 Architectura Curiosa Nova , per A. Bœcler. cum multis fig.

195 *Parallele d'Architecture Antique & la Moderne. Paris* 1702. *en veau.*

196 *The Architecture of Palladio in Four Books by G. Leoni.* 4 *tom.* 2 *vol. Lond.* 1715. *fr. binding.*

197 *Maniere de bien Bâtir pour toutes sortes de Personnes, par Muet. Paris* 1681. *en veau.*

198 *Nouvelles Oeuvres d'Architecture de Vinkboons. Leyde* 1715. *en veau.*

199 Gronden en Afbeeldsels der voornaamste Gebouwen, door Vinkboons. Amst. 1688. 2 deelen fr. band.

200 Afbeelding van het Stadhuys van Amsterdam / door van Campen / fr. band.

201 *Les X. Livres d'Architecture de Vitruve, par Perrault. Paris* 1684. *avec fig. de S. le Clerc en veau.*

202 *L'Amphitheatro di Carlo Fontana, avec des belles fig. Hagæ* 1723.

203 L. Sturms Bau-Kunst von Land und Gath-Hauser &c. 4 theilen. Augsp 1718. fr. band.

204 *Divers Ouvrages de Mathematique & de Physi-*
205 *que de l'Academie Royale des Sciences. Paris de*
l'Im-

l'Imprimerie Royale. 1693. en veau.

205 Observations Astronomiques & Physiques, par Richer. Paris de l'Imprimerie Royale des Sciences. 1679. en veau.

206 Vues de la Maison de Plaisance Louisbourg du Duc de Wurtemberg, avec tous ses prospects. 12 flor

Sculpture in Foilo.

207 STatues & Bustes Antiques qui sont à Versailles, par Mellan & Baudet. 20—10

208 Les Plans de l'Isle Enchantée, Courses de Bague faits à Versailles en 1664. Item Relation de la Feste de Versailles en 1668. Item divertissemens de Versailles avec des belles fig. de Silvestre & autres. Relié en un vol. en veau. 13 flor —10

209 Festiva ad Capita Anulumque Decursio à Rege Ludov. XIV. 1662. cum fig. Silvestri 1670. lig. gal.

210 Tapisserie du Roy où sont Représentez les quatre Elemens & les quatre Saisons de l'Année. avec fig. de S. le Clerc. en veau. 16—10

211 Les Plans, Profils & Elevations des Villes & Chateaux de Versailles, avec ses Fontaines & Statues. 2 vol. en veau. 61 flor

212 Cabinet du Roy en 36. Tableaux de Poussin. Carrais Dominiquin Guide Corregé & Gravez des plus grands Graveurs de France. Relié en maroquin rouge doré par tout. 60 flor

213 Description de la Grotte de Versailles. 1679. 6 flor —15

214 Medailles sur les Principaux Evenemens du Règne de Louïs le Grand, avec des Explications Historiques. Paris. 1702. en veau.

215 Vues de vander Meulen en 43. grandes
216 Planches & très-bonnes Epreuves. Collées sur du beau & plus grand papier & doublés avec peine & frais. Relié en cuir de Russie doré sur le tranche & plat. ouvrage magnifique, & peut-être l'unique. 154 flor

216

216 *Dito 25. plus petits Paisages de vander Meulen Colles à une grandeur comme dessus*

217 *Les Plans, Profils & Elevation des Villes & Chateaux de Versailles, Marly & Trianon, avec ses Fontaines, Machines de Marly, Chapelle du Roy &c. de bonnes & premieres Epreuves. Paris chez du Mortain. en veau doré.*

218 *Description Generale de l'Hotel des Invalides. Paris 1683. fig. en veau.*

219 *Description de l'Eglise Royale des Invalides. ibid. 1706. en veau.*

220 *Recueil de cent Estampes du Levant peints d'après Nature, par ordre de l'Ambassadeur Fireol & Gravez par Mr. le Haye avec l'Enterement &c. des Turcs. Paris en veau.*

221 *Entrée Triumphante de Louïs XIV. avec Marie Therese dans Paris en 1662 avec fig. en veau.*

222 *Histoire de la Triomphante Entrée du Roy & de la Reine en Paris dans 1660. avec fig.*

223 *La Pompeuse Ceremonie du Sacre du Roy à Rheims en 1654. avec fig. Paris 1655.*

224 *La Petite Gallerie du Louvre, du Dessein de Mr. le Brun, gravé par Sr. Audran. en veau.*

225 *Cabinet de G. Reinst, Contenant un vol en divers Tailles douces, & l'Autre vol. les Statues. 2 vol. en veau.*

226 12 *Beaux Portraits de van Dyk, Lombart Sculp.*

227 Principes Hollandiæ, Zelandiæ & Frisiæ per P. Scriverium. Harl. 1650. velin doré.

228 Theatrum Pictorum Davidis Teniers. Antv: 1658. lig. gal.

229 *Joan Berain Oeuvres divers en Cheminées, Geridons, Vases, Mausolées & autres ornemens. Paris en veau.*

230 G. Hoed Ondssoote deure der Tekenkonst door Bodart. Leuw. 1713. fr. band.

231 *Livre de Portraiture d'Anib. Carrache. Paris chez Poilly.*

232 Veteres Arcus Augustorum Triumphis insignes. Ex Reliquiis quæ Romæ adhuc supersunt, à

J. P. Bellorio illuftrati. Romæ. 1690.

233 *Grande Cavalcade de l'Empereur Charles V, à Bologne. par H: Hondius.*

234 *Cornalines de Elis: Sophia Cheron. Gravez par divers, en veau.* 5 *flor*

235 *Les Pfchife de Raphael Ant: Salam: Excud. lig g.*

236 *Splendore dell Antica E. Moderna Roma. Roma 1641.* 4—5 *rib. band.*

237 Ottonis Væni Batavorum cum Romanis Bellum. Antv. 1612.

238 Acta Apoftolorum à M. Heemskerk: Galle fculp.

239 Venationes Ferarum, Avium, Pifcium Pugnæ &c. à J. Stradana. Galle Sculp.

240 *Le Cabinet des Beaux Arts. Paris chez Edelink. en veau.*

241 *Livre de Portraiture de Et: de la Belle. en veau rar.*

242 *Les Jeux de l'Enfance par Stella. en veau.*

243 *Fables D'Efope Reprefentées en fig. par l'Eftrange. en veau.*

244 Urbis Romæ Antiquæ defcriptio per J. B. de 3 *flor* Cavalleriis. 1569.

245 *Paffion de Notre Seigneur J. Chrift, par H. Goltius. en veau.*

246 *Le Méme de Car: à Mandre.*

247 Víta Th. Aquinatis par Ott. Vænium. Antv. 1610.

248 Ovidii Metamorphofes durch. Baur lig. gal. 3 *flor*

249 *Les Bâtimens des plus Notables Maifons de France,* 30 *flor* *par Marot. 2 vol. en veau.*

250 *Sentimens des plus Habiles Peintres du Temps, par Teftelin. Haye 1697. en veau.*

251 Thronus Juftitiæ Pictore J: Utenwaall. Amft. 1607.

252 Sancto Pietro Martire da J. Roffi. in Roma. 1—12

253 Templorum quæ Roma Exhibet &c. Cura J. 1—10 J. de Sandrart. Norinb. 1694.

254 *Les Principes du Deffein, par G. de Laireffe. Amft. 1719. en veau.*

255 Wapenhandeling door van Breen/ met plate feer keurlyk afgefet.

256 *Cabinet des Beaux Arts ou Recueil de Belles Eſtam-*
pes, par Perrault, & Gravez par les plus grands
Maitres de France. Paris.

257 *La Triomphante Riviere de Vecht en diverſes Vûes*
au Nombre de 98 Planches. Amſt. 1719.

258 *Delices du Diemer-meer deſſinées d'après Nature par*
Stoupendaal au Nombre de 60. Planches.

259 *Vûes de la Riviere d'Amſtel Deſſinées par Radema-*
ker au Nombre de 100. Planches. Amſt. 1730.

260 *Vûes de Rynland de Rademaker en 100. Planches.*
Amſt. 1732.

261 *Miroir des delices des Environs d'Amſterdam de Ra-*
demaker en 54. Planches.

262 *Vûes de Kennemerland en 100. divers Vûes Deſſinées*
par de Leth. 2 vol.

263 *Grande & très Belle Collection des Eſtampes de*
Boſſe au Nombre de 352. Planches. Relié en cuir
noir, Folio Longue.

264 *L'Academie de l'Epée de G. Thibauld, où ſe demon-*
ſtre par Regles de Mathematiques le Maniement des
Armes, avec de Planches des C. V. de pas & Au-
tres. Anvers 1628. en veau.

265 Vita & Martyre de Catharina Senenſis Fr.
Vannius M. v. & de Jode Sculp. lig. gal.

266 Pacificatores orbis Chriſtiani à Munſter de
diepenbeeq.

267 Pompa Funebris Alberti Pii à J. Francare. Bruſſ.
1629. lig. gal. gol. ablongo.

268 Begraafnis van Prins Fredrik Hendrik door Poſt
ſynde ſeer fray afgeſet in hoorn vergult op ſnee.

269 *Vues des Maiſons de France par Percelle &c.*
Folio longue en veau.

270 Een Fraye Collectie van Landſchappen, Vogels,
Hiſtorien &c. in Magniatur gedrukt fr. band

271 *Recueil d'une Collection de Callot la Plupart des Pe-*
tits, genies Miſere de la Guerre, les geux, Païſſages
&c. au nombre de 230. Pieces.

272 *Le Salon de Benet Corton, Gravez par Viſſer,*
Bloemart, Simon & autres grands Maiſtres. à Rome
chez Rozzi.

273 Un

273 *Un Grand Livre Relié en vélin avec un grand*   21 flor
Nombre en Mesetinte & divers Portraits, & au-
tres Estampes.

427 *27 Dames d'Angleterre deffinées par Kneller & Smith*   58 flor
& Bequet, en Mesetinte & Belles Epreuves que l'on
vendra tout à la fois ou par 2. ou 4. &c.

275 *23 Ducs, Lords & Comme deffus.*

276 *2 Payfages & 5 Portraits en Mesetinte.*

277 *4 Divers Portaits de Maffon & autres*

278 *Louis XV. & fa Femme van Loo Pinx. Chereau fculp.*

279 *Le Roy Staniflas de van Loo & l'Armefin.*

280 *Louis Pecour de Tourniere & Chereau.*

281 *H. Rigaud de lui=méme & Drevet.*

282 *C. le Brun de l'Argilliere & Edelink.*

283 *Marlbouroug, de vander Werf & van Gunft.*

284 *L'Abeffe de Chelles de Gobert & Drevet.*

285 *C. Huygens de Vailland & Bloteling, & 5 autres.*

286 *Le 9 Eftampes de Titian qui font a Bleinheym &*   17 flo
le Titre.

287 *Un Galatée de Corregio & Smith. belle Pièces*   3—15

288 *6 Divers en Mesetinte de Smith & autres.*

289 *David & Batfeba & 3 autres en Mesetinte.*

290 *7 Dieux des Pajens. dito.*

291 *Paffions de l'Ame par le Brun, gravées par Au-*
dran avec la Defcripton. 1727.

292 *Un grand Livre papier Imperial in Plano. Relié*
en velin.

293 *Traveaux de Hercule de F. Florus.*

294 **Apenfpel in de Wereld**

295 Bonorum & Malorum Confenfio Sadeler. Sculp.   1—10

OUVRAGES DE RUBBENS.

296 Pompa introitus Honori S Pr. Ferdinandi Au-
ftriaci in urbem Antverpiam. cum fig. P. P. Ru-
beni. Antv. 1635. lig gal.

297 *Ouvrages très-confiderables de Rubbens collées dans*   330 flor
un très grand Livre Relié en velin doré fur Trenche
C   &

*& des belles Epreuves au nombre de 296 Pièses par
parmi lesquels se trouve de très grandes Pièces,
qu'on vendra tout ensemble ou en parties sui-
vant les Commissions.*

50 flor. 298 *La Gallerie du Palais du Luxembourg, Peint par
Rubens & Gravé par les plus illustres Graveurs.
Paris 1710. Relié en veau marbré.*

299 *Grand Livre de divers Portraits & des divers
Maitres au Nombre de 218. Pièces tant grand
que petit.*

300 Groote en kleene voozbeelden van allerhande door
een gevolgte Naam-Letters, doo2 Visser.

7—14 301 *Les 12. Mois de l'Année, par Sandrart.*

302 14 Verschepde van Mellan.

303 Verschepde Predicanten van Amsterdam/ en 5 andere Printen.

304 7 Verschepde Conqueften doo2 Rugendas.

305 *Livre de toutes sortes des Fleurs. door Monnoyer.*

306 4 Bybel Printen doo2 verschepde.

307 12 *Payfages de Perrelle.*

308 12 *Dito, par divers.*

309 6 Verschepde van A. Durer/ seer schoon van
d2uk.

310 Historie van Loth en van Zusanna, doo2 A.
Graaf.

311 36 Prente Fabulen en 4. andere.

312 Het Huys te Apswpk en verschepde andre Luft-
plaatfen.

313 10 Landschappen van Swanevelt.

12—5 314 *Les Empereurs & les Imperratices Romanes. Titian
Pinx Sadaler sculp. 25 pièces rar.*

315 *St. Cene. & 2. autres.*

316 Vlaggen van Ruffien, audientie van een Ruffis
Ambaffadeur en verschepde Vuurwerken,

317 1 Van Jul. Romano en 1 van Tefta

318 1 Van Konings Loo. 1 Gefigt van Voorft en 2
ftukke Canon.

319 Tentatie van St. Antonie en Mart. van Callot/
seer schoon van d2uk.

320 7 Oeuvres de Misericorde de Bourdon & Audran.
321 8 Grappige van Breugel.
322 Overtogt van Koning Willem naar Engeland met d'Inhalinge &c. door Rom de Hoogue. 12 bladen.
323 Victorie van Keyfer Leopold op de Turken 13. bladen door R. de Hoogue.
324 4 Grappige Printen.
325 29 Spot-Printen.
326 27 Verscheyde Portretten, fwarte konst.
327 Straffort, Boerhave, Fr. Spanheim/ Sacheverel en Fr. Guill. 5 stucken.
328 Koning Willem en Maria, door Schenk.
329 De felfde grooter, door Kneller.
330 Koning Willem, door Bourdon en van Gunst.
331 M. Pauw/ en Adriaan Pauw.
332 Fr. Augustus Rex Poloniæ & Petrus Magnus, en P. Maurits en 2. andre.
333 Afbeelding van het Medaillle-Cabinet van I. de Wilde.
334 Een groote party allerley Printen.
335 Verscheyde Tekeningen.
336 Nog verscheyde Tekeningen en eenige met de Pen Getekent.
337 Een Boekje met Panduren, Ulanen, Huffaren, Croaten, Colpats &c. 15. stucken.
338 The Duc of Cumberland & the Merchant Taylors.
339 Venus & Cupidon & l'Amour oifeleur & moiffonneur, par Boucher.
340 Une Baye avec une Flotte des Vaiffeaux deffinés, par van de Velde. 3 feuilles.
341 Quatre Feftes de Bachus, Diane &c. par Gillot, fort drôle.

Geogra-

342 A. Ortelii Theatrum orbis Terrarum cum Coloribus. depictis.

343 *Atlas Nouveau par Sanſon.* 2 *vol. Paris* 1692. *Enluminé. en veau.*

344 Zee-Atlas door G. van Keulen ſeer fray afgeſet ſr band

345 *Atlas de Viſſer en* 155. *Cartes* 2 *vol. proprement Enluminé. en veau.*

346 *Paris Repreſenté en* 7 *Feuilles avec toutes les Ruës, Egliſes &c. par Roques.*

347 *Recueil de* 523 *Cartes des differents Maitres dont Pluſieurs ſont d'une Rareté Extraordinaire, Proprement Relié en* 3 *vol. en veau. Ouvrage Tres Curieux.*

348 *Atlas Hiſtorique ou Nouvelle Introduction à l'Hiſtoires, à la Chronologie &c. par Guedeville.* 7 *vol. Amſt.* 1721. *tres proprement relié en veau.*

349 Het Ligt der Kerkelyke en Wereldlyke Hiſtorien door Hornius ſeer fray afgeſet in een Atlas band bergult.

350 Harmonia Macrocoſmico ſeu Atlas Cœleſtis per A. Cellarium, cum Coloribus Amſt. apud Blauw 1661. lig. Atlantic. Deaurat.

351 Uptbeeldsing der Heerlikbept Friesland door Sterringa 1718 ſr band.

352 *Atlas de* 24 *Cartes des divers Autheurs. Enluminé.*

353 Caartboek van 't Heemraatſchap van Delfland waarvan de Principale Caart is afgeſet ſr. band.

354 ———— ———— ———— ———— van Voorn. 1695. fraap afgeſet in hoorn band.

355 Een Weergalooſe Collectie van Caarten, Heemraatſchappen. Loopen der Rivieren / uptwaterende Slupſen, verſchepde wapen alle Rakende Holland en Zeeland &c in 2 deele voor 't grootſte gedeelte afgeset Ruym 180. ſtuks in 2 ſr. banden bergult op ſnee en plat.

356 Steede-Boeken van Neerland. 2 deele by Blauw.
in atlas bande

357 Theatrum Italiæ 2 vol. apud Blauw cum Co- *35—10*
loribus depictis Nitid. 1663. lig. Atlantica
Deaurat.

358 Groot Steede-Boek van Savopen en Plemont.
4 deele met frape plate Hage 1725 fr. band.

359 Steede-Boeken van Italien, van alle deſſelfs Steeden, gebouwen en Palpſen. 4 deele. Hage 1724.
fr. bande.

360 *Nouveau Theatre de la Grande Bretagne.* 6 vol. *65 flor*
avec l'Atlas Amſt. 1715 *chez Mortier & tom* 6 *à*
Londres en veau.

361 *Londres Repreſenté en* 16 *Feuilles avec toutes ſes* *16 flor*
Rues, Edifices &c. fait par Roques à Londres.

362 Hornii Geographia Vetus. Hagæ 1740.

363 Tabulæ Chronologicæ par Ben: Marshall. *1—10*
Oxoniæ è Theatro Scheldoniano. 1713.

364 Plinii Hiſtoria Mundi. Lugd. 1563.

Antiquarii &c. in Folio.

365 GRævii & Gronovii Theſaurus Antiquitatum
Romanarum & Græcarum Chart Maj.
25 vol. L. Bat. lig. gal.

366 Novus Theſaurus Antiquitatum Romanarum *500 flor*
Congeſtus ab A. H. de Salengre. 3 vol Chart.
Maj. Hagæ 1716. lig. gal.

367 Inſcriptiones Antiquæ Totius orbis Romani J.
Gruteri. 4 vol. Chart. Maj. Amſt. 1707. lig. g.

368 Lexicon Antiquitatum Romanarum anctore —9 *flor*
S. Pitiſco. 2 vol. Chart. Maj. Leovardi 1713.
lig. gal.

369 T. Fazelli de Rebus Siculis. L. B. Ch. Maj.
lig. gal. Deaurat.

370 *L'Antiquité Expliquée & Repreſentée en Figures par*
par B. de Montfaucon avec le Supplement. 15 *vol.*

Paris 1722. Relié en Maroquin Rouge, par tout Doré. grand papier. Exemplaire Magnifique.

371 *Pierres Antiques Gravées sur lesquelles les Graveurs ont mis leurs noms. Dessinées & Gravées par B. Picart & Expliquées par Stosch Amst 1724. sur le plus grand pap. relié en veau marbré, doré sur tranche & plat.*

372 *Commentaires Historiques Contenans l'Histoire des Empereurs Romains par J. Tristan avec près de 1400. Medailles. 3 vol. Paris 1657. en veau.*

373 L. Gyraldi Opera omnia. Lugd. Bat. 1696. cum fig. r. b.

374 *Histoire de la Peinture Ancienne Extraite de l'Histoire de Pline. Lond. 1725 lig. gal.*

375 Imperatorum Romanorum Numismata per Car. Patinum. Argent. 1671.

376 Regum & Imperatorum Romanorum Numismata cum L. Begeri Annot. Colon. 1700.

377 Historia Summorum Pontificum, per Cl. Molinet. Paris 1679. velin cordé.

378 Thesaurus Morellianus sive Familiarum Romanarum Numismata omnia ab And. Morellio. 2 vol. Amst. 1734. lig. gal.

389 Bonanni Numismata Pontificum Romanorum. Romæ 1699. 3 tom. en velin.

380 Numismata Imperatorum Romanorum Studio Anf. Banduri. 2 vol. Paris 1718. lig. gal.

381 Spanhemii Numismata. Amst. & Lond 1717. 2 tom. lig. gal.

382 Imperatorum Romanorum Numismata studio Fr. Mediobarbi, Mediol. 1683.

383 Numismata Ærea Imperatorum in Coloniis A. J. Foy Vaillant. Paris 1688.

384 *Osservazioni Sopra i Cemiteri de Santi Martiri de Antichi Christiani di Roma. Roma 1720. lig. gal.*

385 Historia Antiquitatis & Universitatis Oxoniensis, 2 tom. I vol. lig. gal.

386 *Oxonia Depicta lequel Consiste en grand Nombre des belles fig.*

Histo-

387 G. van Loon Beschrijving der Nederlandsche
Historie Penningen, Penning-kunde, al-
oude Historie, en Mieris van de Nederlandsche
Vorsten. 10 deelen op groot pap. in root Turks
Leer, vergult op snee en plat, een heerlijk exem-
plaar.

388 Cronijk van Vlaanderen, 3 deelen. Brugge 1736.
fr. bande.

389 *Le grand Theatre Sacré du Duché de Braband.* 4
tom. 2 vol. avec un grand Nombre des fig. Haye
1729. en veau.

390 *Trophées tant Sacrés que Profanes du Duché de*
Braband, par Butkens. 4 vol. grand pap. ibid.
1724. en veau.

391 *Histoire des Provinces Unies, par Wicquefort. tom. 1.*
Relie en veau doré.

392 *Dito. tom. 2. in Albis.*

393 L. van Aitzema Saaken van Staat en Oorlog der
Vereenigde Nederlanden met de vervolgen van Sil-
vius 11 deelen compleet op groot papier in franse
banden.

394 Ev. van Ryd Historie der Nederlandsche Oorloo-
gen. 1644. fr. band.

395 De Segelen der Graven van Vlaanderen, door de
Wree. Brugge 1640.

396 H. Barlandi Hollandiæ Comitum Historia &
Icones. Lugd. Bat 1584.

397 Vosmeer Principes Hollandiæ & Zelandiæ,———
Domini Frisiæ. Antv. 1578.

398 *Histoire des Provinces Unies des Pays-Bas, par le*
Clerc. 3 vol. Amst. 1723, en veau.

399 Spectacula Philippi II. in Antverpia, per Corn.
Grapheum. Antv. 1550. fig.

400 Princelyk Cabinet, door P. de Clerc. Delft 1625.

401 L. Guicciardino omnium Belgii Provinciarum
Descriptio. Amst. 1613.

402 H. Hugo Obsidio Bredana. Antv: 1629.

403 Philippus Prudens Caroli V. Imp. Filius Lu-
sitaniæ Legitimus Rex A. J. Caramuel Lobko-
witz, ibid. apud Plantin 1639. cum fig.

404 *Le Siège de Breda du Pere H. Hugo; Item Histoire
du Siège de Bolduc, par Heinsius; Item Grollæ
obdsiio* H. Grotii. fig.

405 *Histoire Abregée des Provinces - Unies. Amst.
1701. fig.*

406 H. Grotii Annales & Historiæ de Rebus Bel-
gicis. Amst. apud Blauw. 1657. ch. maj.

407 *Annales & Histoires de Ttroubles du Pays-Bas, par
Grotius, chez Blauw Amst.* 662. gr. pap.

408 Fr. Haræi Annales Ducum Brabantiæ. 3 tom.
2 vol. Antv. 1623.

409 F. Strada de Bello Belgico. 2 vol. Romæ 1640.

410 *La grande Chronique de la Hollande, Zelande &c.
par Petit. 2 vol. Dord.* 1601.

411 J. Pontani Historia Gelriæ. Hard. 1639.

412 Boz Nederlandsche Historien. 4 deelen met platen
gt. pap. Amst 1679 fr. band

413 Van Beltgem gpm Spiegel Historie Amst. 1717.
fr. band.

414 Alkemade Munten der Graven van Holland.
Delft 1700.

415 ————— Hollands Jaarboeken of gpm-Chronpk
van Melis Stooke. Leyde 1699.

416 Em. van Metre Historie der Nederlanden. 1614.
met pl. fr. band

417 Van Leuwen Batavia Illustrata. Hagæ 1685.
ribbe band.

418 Hoofts Nederlandsche Historien. Amst. 1677. gt.
pap. met platen. fr band.

419 ————— Tacitus. gz pap. Amst. 1684. fr. band.

420 Fr. Halma Tooneel der Vereenigde Nederlanden.
2 deelen, gr. papier met platen Leeuw. 1725.
fr. band.

421 Slegtenhorst Geldersche Geschiedenisse. Arnhem
1654. met platen.

422 Smallegange Chronyk van Zeeland. vol platen. Middelb. 1696. fr. band.

423 Vander Hoevens Handvesten Cronyk. 2 deelen 1 band. Leyde 1636.

424 Goudhovens Chronyk. Hage 1636.

425 *Histoire des Provinces-Unies, par Basnage. 2 vol. gr. pap. Haye 1719. en veau.*

426 Beschryving van Delft. Delft 1729. met platen fr. band.

427 ———— van den Haag door de Rymer. 3 deele met plate fr. banden

428 ———— van Amsterdam door Commelin 1693. en le Long Historie der Reformatie van Amsterdam. 3 deele gr. pap. met plate fr. bande.

429 Leven van de Ruyter door Brand. 2 deele gr. pap. met plate 1732. fr band verguilt op 't plat.

430 *Entrée du Duc d'Alençon en Anvers. 1582.*

431 Komst van Koning Wilhem in Holland. met plate gr. pap. 1691

432 *Relation de sa Majesté Britannique Charles II. en Hollande 1660. fig.*

433 *Marie de Medicis entrant en Amsterdam. 1638. fig.*

434 *Histoire de l'Entrée de la Reine-Mere Marie de Medicis en Hollande. Item Histoire de l'Entrée de la Reine-Mere, par la Serre. item Medicea Hospes par C. Barlée. cum fig.*

435 Blyde Inkomst des Konings van Englant in den Jaare 1642. met platen van Polpe. item Reyse van Koning Karel de 2de in Holland, met plate. Hage 1660.

436 Beschryving van Breda door van Goor met plate Hage 1744.

437 Batavia Sacra. Bruf. 1714. lig. gal.

438 A. Miræi opera Diplomatica & Historica. 2 vol. Bruf. 1723. Chart. Maj. lig. gal.

439 Castella & Prætoria Nobilium Brabantiæ. Ex. Musco J. le Roy. Lugd. Bat. 1699. 2 tom. 1 vol. lig. gal.

440 *L'Erection des Familles du Braband, par le Roy. Leyde 1699. en veau.*

D

441

441 Historica Narratio Profetionis & inaugurationis Alb. & Isabellæ. Auct. J. Bochio. Amst. 1602. cum fig.

442 *Histoire Metallique des XVII. Provinces des Pays-Bas, par Ger. van Loon avec 3000 Medailles, 5 vol. grand papier. Haye 1736. en veau.*

443 *Mezeray Histoire de France. 3 tom. avec fig. grand papier en veau. Paris 1685.*

444 Sanderi Chorographia Sacra Brabantiæ. Hagæ 1736. 3 tom. lig. gal.

445 ——— Flandria Illustrata. Bruxel. 1735. 3 tom. lig. gall.

446 Alle de Reysen van Dapper / Nieuhof en Montanus. 12 deele op groot Papier Egaal gebonde in fr. bande.

447 Oud en Nieuw Oostindien Beschreven door Valentyn. 8 deele op groot pap. Dort 1724. vol plate in fr. bande vergult op sne en plat seer Curieus Exemplar

448 Kolbe Beschryving van de Kaap der goede Hoope. 2 deele gr. pap Amst. 1727. met pl. fr. banden.

449 Reysen van C. de Bruin door Asien. Persien, Moscovien &c. 2 deele groot pap Delft en Amst in fr. bande.

450 Reysen der Spanjaarden / Portuguese, Engelsche en andre Natien tot ondekking van Oost-en Westindien. 8 deele groot papier. Leyde by van der Aa. fr. bande

451 Historisch verhaal van de West Indien door de Laat. 2 deele. Leyde 1644.

452 Linschootens Reysen naar Portugals, Indien &c. met plate 1614.

453 *Histoire Naturelle & Civile du Japon, par Kempfer. 2 vol. Haye 1719. gr. pap. fig. en veau.*

454 *Voyages de Mandelslo & Olearius aux Indes, Perse & Moscovie. 2 vol. gr. pap. Leyde 1719. rib. bande.*

455 ——— *de la Motraye en Europe, Asie & l'Afrique. 2 vol. Haye 1727. gr. pap fig. en veau.*

456 Beschryving van Spagnie en Portugal. Leyde 1707. groot pap. met plate rib. band.

457 *Curita Annales de la Corone d'Aragonia. Saragoſſa*
  1610. 7 vol. en veau.

458 Bellum Luſitanum A. Caj. Paſſarello, Lugd.
  1684.

459 Mariana de Rebus Hiſpaniæ 4 tom. 2 vol.
  Chart. Maj. Hagæ 1733. lig. gal. Nit.

460 Algemene Kerk- en Wereldlyke Hiſtorie des Aart‑
  bodems door G. Suykers 10 deele groot papier
  met plate in france bande gemarmelt vergult op
  ſnee en plate / een heerlyk Exempl.

461 Hariot Americæ Deſcriptio, opera F. de Bry.

463 11 tom. 3 vol. Chart. Maj. fig. Oppenh. 1619.
  lig. gall.

462 Idem Liber. 10 tom. 8 vol. ibid.

463 India Orientalis per Th. de Bry. 10 tom. 2 vol.
  Francf. 1613. cum fig. rib. band.

464 *Hiſtoire de la Grande Bretagne par Larrey. 4 vol.*
  Rott. 1707. &c. avec des Beaux Portraits de van
  der Werf. rib. bande.

465 *Etat de la France, par Boulainvilliers, 3 vol. Lond.*
  1727. en veau.

466 *Hiſtoire de la Ville de Paris par Felibien. 5 vol.*
  Paris 1725. avec fig. gr. pap en veau.

467 *Hiſtoire de France par le Gendre. 3 vol. Paris 1718.*
  en veau.

468 *Annales de la Monarchie Françoiſe par Limiers.*
  2 tom. 1 vol. Amſt. 1724. en veau.

469 *Hiſtoire de la Province d'Alſace par la Guille‑*
  Strasb. 1727. en veau.

470 Beſchryving van Vrankryk door Meriaan. 4 dee‑
  le met platen Amſt. 1660. fr. bande.

471 *Hiſtoire de la Mort de Henry IV. Paris 1611.*

472 ——————— *de Louis XIV. par les Medailles. par*
  Meſneſtrier. Paris 1691.

473 Topographia Helvetiæ Confœderatæ per M.
  Merian. 1655. fig.

474 *Hiſtoire des Vallées de Piemont ou Vaudoiſes. par*
  Leger. Leyde 1669. fig en veau.

475 *Hiſtoire Generale des Roys de France par B. de Gi‑*
  rard. 2 vol. Paris 1627.

476 Angustæ Regiæque Sabaudiæ domus arbor gentilitia. A. F. M. Ferrario a Labriano. A. Taurin. 1702. cum fig. lig. gal.

477 Solemnia Electionis & Inauguratonis Leopoldi Imperatoris. Francof. 1660. fig.

478 Mausoleum Regni Apostolici Regum Hungariæ, Ducum. Norimb. 1664. fig.

479 *Les Vies des Electeurs de Brandenbourg par A. Teissier. Berl.* 1707. *fig. en veau.*

480 Oorlogen van Gustavus Adolphus in Duytsland. met Plate Amst. 1642.

481 *Histoire du Regne de Charles Gustave Roy de Suede par Puffendorf.* 2 *vol. Nurenb.* 1697 *avec fig. en veau doré sur plat.*

482 S. Puffendorf de Rebus gestis Fr. Wilhelmi Magni Electoris Brandenburgici, 2 vol. 1733.

483 *Batailles Gagnées par le Prince Eugene. par du Mond avec fig. de Hugtenburg. Haye* 1726. *en veau.*

484 Monumenta Illustrium Virorum & Elogia Studio Boxhornii. Amst. 1638. fig.

485 Du Chaulers Keysers Chronyk. Amst. 1617.

486 Robinsonii Annales Mundi. Lond. 1677 rib. b.

487 Ammiani Marcellini Res gestæ &c .perH. Valesium. Paris 1681. lig. gal.

488 Thesaurus Numismatum Modernorum Huius Seculi. Norinb. 1700 fig. lig. gal.

489 *Les Hommes Illustres par Perrault.* 2 *vol. avec fig. de Edelink. Paris* 1677 *en veau.*

490 ——————— ——————— *qui sont dans la Gallerie du Cardinal de Richelieu. Paris* 1655. *en veau.*

491 Hubners Geslagt Tafelen. 2 deele Leyde 1722. en 1729.

492 Plutarchi Græcorum Romanorumque Illustrium Vitæ, Parisiis apud M. Vascosan. 1558.

493 Historiæ Romanæ Scriptores Latini Veteres. Aurelianæ 1623.

494 J. Stobæi Sententiæ ex Thesauris Græcorum delectæ par C. Gesnerum, Græce & Latine. Tiguri 1559.

495

495 Cornelius Nepos cum Comment. D. Lambini.
    Francof. 1608.

496 J. Lipfii Opera omnia. Antverpiæ 1637. 4 tom.
    ribbe band.

497 C. Taciti Opera per Lipfium. Antverpiæ 1607.
    ribbe band.

498 L. Annæi Senecæ Opera per Lipfium, ibid. 27 *flor*
    1652. ribbe band.

499 *Les Oeuvres de Tillemont. Bruxell.* 1732. 15. *tom.*
    7 *vol. en veau.*

500 *Memoires de Caftelneau. ibid* 1731. 3 *tom. avec fig.*
    grand papier.

501 *La Galleria di Minerva overo Notizie Univerfali.* 20 *flor*
    Venetia 1696. 6 *tom.* 3 *vol. con molte fig. lig. gal.*

502 *The Villas of the Ancients. cum fig. charta maj. lig.*
    gal. Lond. 1728.

Poëtæ &c. in Folio.

503 LEs *Metamorphofes d'Ovide Fr. & Latin, par*
    Banier, avec fig. de B. Picart. 2 *vol. Amft.*
    1732. *Relié en Maroquin rouge doré par tout.*

504 *La Pucelle d'Orleans, par Chapelain. Paris* 1656.
    fig. en veau

505 *Oeuvres de Boileau* 2 *vol. avec fig. de Picart. Haye* 37 *flor*
    1729. *Relié en Maroquin & doré par tout.*

506 *Juvenal by R. Stapylton. Lond.* 1660. *with fig. of*
    Hollar &c. r. b.

507 *Silius Italicus by T. Ros. Lond.* 1661. *with fig.*
    fr. bind.

508 *Homer's Iliads & Odyfea, by J. Ogilby. Lond.* 11—10
    1669. *with fig. fr. band.*

509 *The Fables of Æfop by Ogilby. ibid.* 1668. 2 *tom.* 15—10
    1 *vol. with fig. of Hollar &c. fr. bind.*

510 *Virgilius by Ogilby. Lond.* 1668. *with fig. of Hollar*
    &c. fr. b. Bis un peu endomagé.

511 De Imitatione Chrifti. Paris ex Typographia 5—15
    Regia 1640. lig. gal.

512 Terentius. ibid. 1642. en velin. 5—10

513 Juvenalis & Persii Satyræ. ibid. 1644. lig. gal.
514 Horatius. ibid 1642. lig. gal.
515 *Combattimento Spirituale del Padre Scupoli. Parigi nella Stamperia Reale 1660. lig. gal.*
516 Ovidii Metamorphoses. Paris 1637. fig.
517 Themistii Orationes Gr. Lat ibid. 1684. ex Typogr. Regia.
518 Regnum Astrorum Reformatum Auct. J. Bocaro Hamb. 1644.
519 Hymenæus Pacifer Hispano - Gallicus. Antv. 1661. fig.
520 *Tableaux du Temple des Muses, par Marolles. Paris 1655. avec fig. en veau.*
521 *Mythologie ou Explication des Fables, par Boudoin. Paris 1627. fig.*
522 Alle de Gedigten van van Haren / met platen. bis sonder platen.
523 Herhmans Lof der Zeevaart / met platen.
524 Kruls Papiere Werelt met platen. Amst. 1644. gr. pap. in fr. band vergult op snee en plat.
525 M. T. Ciceronis Opera omnia per D. Lambinum, 4 vol. Parisiis apud du Pays 1566.
526 Q. Horatii Opera omnia , G. Chabotti. Col. 1615
527 ———————— Carmina &c. 1486.
528 Homeri Opera. Spondani. Basil. 1606. r. b.
529 F. Reinzer Meteorologia Philosophico Politica. Augustæ Vindelicorum. 1609. cum fig. lig gal.
530 A. Luzon Idea Politica. Bruxellis. 1665. cum fig. lig. gal.
531 J. Typot. Symbola Divina & Humana Pontificum, Imperatorum, Regum. 3 tom. 1 vol. cum fig. de E. Sadeler 1601. lig. gal.
532 *A Collection of Emblemes Ancient and moderne, by George Wither. London 1635. with fig. france binding.*

Misцel.

533 MIroir des Nobles de Hasbaye Composé en forme de Chronique par *J. Hemricourt avec
grand Nombre de fig. Bruf.* 1673. *en veau.*

534 *Les Nobles dons les Tribunaux , Hifloire & du Blafon par Fr. de Malte, Liege* 1680. *en veau.*

535 Den Nederlandfchen Herauld / door de Bouk / Amft.
1645. fr. band.

536 *Vray Theatre d'honneur & de Chevallerie où le
Miroir Heroique de la Nobleffe , par Colombiere.
Paris* 1648.

537 *La Veritable Origine de la très Illuftre Maifon de
Sohier, Leyde* 1661. *en veou.*

538 *Le Roy des Armes , par de Varenne. Paris* 1640.
en veau.

539 Juris Prudentia Heroica. 2 vol. Bruf. 1668.
cum fig. lig. gal.

540 *Iconologie de Cefar Ripa. par Baudoin. Paris* 1644.
en veau.

541 *Hiftoire de Thucydide , par Ablancourt. ibid.* 1662.
en veau.

542 Fr. Spanhemi Laudatio Funebris Fr. Henrici.
Lugd. Bat. 1647.

543 F. Fabrii Oratio in Natalem Jubilæum Tertium
Academiæ Batavæ. 1625. fig. lig. gal.

544 *Oeuvres de Bayle.* 4 *vol. Haye* 1722. *en veau.*

545 *Dictionnaire de Bayle.* 4 *vol. Amft.* 1720. *en veau.*

546 *Oeuvres de la Motte le Vayer.* 2 *vol. Paris* 1662.
en velin Cordè.

547 ——————— *de Balzac.* 2 *vol. ibid.* 1665. *Meilleure
edition en veau.*

548 Catalogus Bibliothecæ L. Batavæ cum Catalog.
Manuf Lugd Bat. 1716. lig. gal.

549 Bibliotheca Telleriana. *de l'Imprimerie Royale.*
Paris 1693. *r. b.*

550 *Ceremonies & Coutumes Religieufes de tous les Peuples du Monde avec les Superftitions.* 9. *vol.* gr.
pap. avec fig. *de Picart. Amft.* 1723, *&c. en veau.*

551 Symbola divina & Humana Pontificum, Imperatorum cum Regum, J. Typotii. Pragæ 1600. fig.
Sadeleri. lig. gal.

552 Thefaurus Linguæ Latinæ. 4 tom. 2 vol. Lugd.
1573. rib. band.

553 J. Langii Polyanthea. 2 tom. 1 vol. ibid. 1681.
ribbe band.

554 Loyd Dictionarium Hiftoricum, Geographi-
cum, Poëticum. Lond. 1686. r. b.

555 Nizolii Thefaurus Ciceronianus. Lugd. 1587.

556 Erafmi Adagia. Francof, 1670.

557 G. J. Voffii Etymologicum Linguæ Latinæ.
Lugd. 1664. lig. gal.

558 A. Calepini Dictionarium per de la Cerda. 2 vol.
Lugd. 1681. lig. gal.

559 M. Ant. Baudrand Geographia. 2 tom. 1 vol.
Paris 1682. ribbe band.

560 J. J. Hofmanni Lexicon Univerfale. 4 vol.
Lugd. Bat. 1698. ribbe band.

561 *Dictionaire Hiftorique, par Morery, avec le Supplement. 4 vol. Amft 1717. en veau.*

562 ———— *de la Langue Françoife, par Furretiere.
4 vol. Haye 1727. en veau.*

563 Hiftorifch en Geographifch Woordenboek / door de
Heer Luiscius. 8 deelen. Hage 1724. gr. papier.

Theologici in Quarto.

1 L A Sainte Bible du Vieux & Nouveau Teftament.
Amft. 1714. en velin Cordé.

2 Nederdpptfche Bybel. Dort 1710. in rus leer.

3 ———— ———— Amft. 1690. fr. band.

4 ———— ———— van Luther / door H. de
Haas. Amft. 1725. 2 deelen. fr. banden

5 *S. Bible felon la Vulgate par Saci. 2 vol. Mons
1722.*

6 *La Sainte Bible Contenant les Pentateuche & Jo-
fue 6. vol. avec un Commentaire Litteral Compof*
de

avec des Notes Choifies de divers Autheurs Anglois. Haye 1747. *&c.*

7 Fr. Spanhemi Dubia Evangelica, 2 vol. Genev. 1651.

8 Kleyne Concordantie van den Bybel / door H. Velfe. Hage 1740.

9 Hupfinga over het Evangelium Matthei. ibid. 1688. 3 deelen / fr. banden.

10 Ropaards Paulus Brief aan de Ephefers. Amft. 1731. 3 deelen.

11 J. Bierman Mofes en Chriftus. Uttrecht 1700. fr. band.

12 A. Landreben over de Philippenfen. 1746.

13 Van Leeuwen over de Rompnen. Amft. 1699. 4 deelen. g. pap. fr. banden.

14 — ———— over de Handelingen der Apoftelen, ibid 1724. g. papier fr. band.

15 *La Perpetuité de la Foy de l'Eglife Catholique fur les Sacremens, par Arnoud. 6 vol. Paris* 1713.

16 J. Smit over Salomons Prediker. Amft. 1699. 2 deelen / ribbe banden

17 ———— over de Brief van Jacobus. ibid. 1698. fr. band.

18 J. Janfonius Heilige Uitfpanningen. Gouda 1733. 2 deelen iii fchilpadde banden verguld op fnee en plat.

19 ———— Bondelke van Welriekende Myrrhe. Amft. 1739. fr. band.

20 J. Ojers Redenen van de Opperfte Wysheyd. ibid. 1698. fr. band vergult op 't plat.

21 Woordenboek van het Land Kanaan en Plaatswyfer van 't H. Land / door Fr Halma. met pl.

22 A. Hellebroek over Jefaia. Rott. 1727. 4 deelen fr. banden.

23 J. Cofterus over Mallachi. Delft. 1721. franfe band.

24 F. Halma Davids Harpzangen op de Bas. Leeuw. 1717 2 deelen. fr. banden

25 J. Meyeri Chronicon Majus & Minus. Amft. 1699.

48 P. van Hoeken over de Hebreen. Enkh. 1705.

49 ———— over de dzie laatfte Propheten. Amft. 1731.
fr. band.

50 ———— over Nahum, Habakuk en Zephania.
Leyde 1709. f. band

51 A. Moonen Leydende Chriftus. Delft 1718.

52 P. vander Hagen over de Philippenfen. Amft. 1716.
ribbe band.

53 P. van der Hagen Boet- en Bedendags Predicatien.
Amft. 1716. rib. band.

54 ———— ———— verborgenthept der Godfaligheyt.
Amft. 1716. rib. band.

55 ———— ———— verfameling van Predicatien, Amft.
1716. rib. band.

56 ———— ———— over de Catechifmus. Amft. 1716.
rib. band.

57 H. S. van Alphen over de twede Brief aan de
Corinthen. Utr. 1725 franfe band.

58 C. Akerfloot over den eerfte Brief aan de Corinthen.
Leyd. 1707. franfe band.

59 ———— ———— over de Galaten. Leyd. 1695. fr. bt.

60 ———— ———— over de Hebreen Hage 1699. fr. bt.

61 ———— ———— over de Coloffenfen Delft. 1702. fr. b.

61 J. C. Wirtz over het Evangelium van Lucas.
Hage 1741. 2 deelen.

63 M. Gargon Gekrupfte en verheerlykte Chriftus.
Leyde 1725.

64 ———— bebeftigingh van de Gekrupfte Chriftus.
Leyde 1723.

65 L. ten ﬆate Leven van Jefus-Chriftus. Amft. 1732.
met ingevoegde platen van Gillot fr. band.

66 Oratien van F. Burmannus met de Lykreede van
Grævius. Utregt. 1700.

67 Verklaring over de 3 Sendbriefe Joh. door A. Tgilde.
1736.

68 Leven van Julianus den Apoftaat 1688.

69 Commentarien over den Bybel door Patrick, Polus
en Wels. Amft. 1740 11 deele in 10 ingenapt.

70 J. *le Sueur Hiftoire de l'Eglife & de l'Empire Conti-
nuée par Pictet. Amft.* 1730. 10 *tom.* 7 *vol. en vcau.*

71 *Histoire du Concile de Trente par Fra Paolo. Amst. 1690. en veau.*

72 B. Nieuwentyt Wereld-Beschouwingen. Amst. 1720. met platen franse band.

73 ——— gronden van Zeekerheyd. Amst. 1720. france band.

74 *La Religion Chrétienne Demonstrée par la Resurrection de J: Christ, par Homfroy Diton, Paris 1729.*

75 Arnobius adversus Gentes. Lugd. Batav. 1651.

76 Driesen in Apocalypsin, 1718.

77 J. Wierts Centuria Colloquiorum Dei & Animæ. 1670. lig. gal.

78 Pelzhofferii Tractatus Hist. Politicus de Religione, 1711.

79 J. G. Vossii Harmoniæ Euangelicæ. Amst 1656.

80 ——— Chronologia Sacra. Hagæ 1659.

81 J. Dallæus de usu Patrum. Genev. 1686.

82 Caranzæ Summa Conciliorum. Lovani 1681.

83 *Jurieu Histoire du Papisme. Rotterd. 1683. 2 vol. en veau.*

84 Oordeel van het Synodus nationaal van Dortrecht. 1619.

85 M. Luther van de Knegtelyke wille. Deventer 1610.

86 J. Apsina Ryk der Goden Amst 1686. met spl.

87 J Jehude afbeeldinghe van den Tempel Solomon. Middelb. 1642

88 *Histoire des Juifs, par Prideaux, 2 vol. Amst. 1744.*

89 ——— *de la Religion des Eglises Reformées, par Basnage, 2 vol. Rott. 1725.*

90 Plevier over de Handelingen der Apostelen. Utrecht 1734. 4 deele ribbe banden.

91 Lucii Cæcilii Firmiani Lactantii opera Omnia cum Notis J. B. Brun. &c. 2 vol Paris 1748. lig. gal

92 Burnetii Telluris Theoria Sacra, Amst. 1699, cum fig.

93 Silbersma over den Catechismus, Amst. 1727.

94 Kort Begryp der Heilige Godgeleertheyt door Fr.

Bur-

𝕭urman, vertaalt door Smout, 2 deelen Uptr. 1688.
95 N. Gurtleri Syſtema Theologiæ Propheticæ, Ultraj. 1724.
96 Hulſii Comment: in Iſraelis, Priſci 1713.
97 J. Docæii de æterna Generatione filii Dei & Temporali Nativitate. Paris 1554.
98 Goltius over Jacobus. Amſt 1698. rib. band.
99 ――――― uptgeleſene Bybel-Stoffe. Amſt. 1724. ribbe band.
100 ――――― Predikende en Bloedende Chriſtus. Amſt. 1700. ribbe band.
101 ――――― over de Sendbrief Pauli aan den Romepnen. Amſt. 1705 ribbe band.
102 ――――― Laetſte gedagten over het Oude en Nieuwe Teſtament. Amſt. 1702. ribbe band.

Juridici & Politici in Quarto.

103 COrpus Juris Canonici cum appendice P. Lanceloti. Lugduni 1591.
104 Schultingii Juris Prudentia Vetus Anti-Juſtinianea, Lugd Bat. 1717. ribbe band.
105 A. Perezius in Codicem, 2 vol. Genev. 1640.
106 Juris Canonici Theoria & Praxis Auth. J. Cabaſſutio. Lugd. 1719. lig. gal.
107 H. Brouwer de Jure Connubiorum. Delphis 1714
108 Errores Triboniani de Poena Parricidii. L. B. 1728. fig.
109 Heineccii Opuſcula ad Hiſtoriam Juris. Halæ 1735.
110 Weſel opera Omnia. Amſt. 1701.
111 D'Arnaud Variæ Conjecturæ Juris Civilis. Leovardi. 1744.
112 ―――― Diſſertationes de Jure Servorum. Leovardi 1744.
113 J. Janez Parladorii opera Juridica, Amſt. 1688. 2 vol.
114 Micrælii Hiſtoria Politica. 2 vol. Lipſ. 1702.

115 Merulæ opera Pofthuma. Lugd. Batav. 1684.
116 Goris Adverfaria. Arnhem. 1651.
117 Bachovii Notæ & animadverfiones in Difputationes H. Trutleri. Col. 1688. 3 tom.
118 H. Felicius de Communione, feu, Societate. Gornigh. 1666.
119 Tractatus de Servitutibus B. Cæpollæ, Lugd. 1660.
120 Theophili Inftitutiones Fabrottii Gr. & Latine. Paris 1657.
121 Merillii Obfervationes; item Differentiæ Juris &c. Neapoli 1720. 2 tom.
122 Delrio Mifcellanea Scripta Univerfi Juris Civilis. Genev. 1606.
123 Rochefort Civile Wetten. Hagæ 1728.
124 Hoojedoom manier van Proceederen der Stad Amfterdam. Amft. 1656.
125 Graswinkel Recht van de Opperfte Macht, Rott. 1667 en 74. 2 deelen.
126 P. en G. Kuipers Tractaten van Grond-Proceduuren. Bruff 1713.
127 S. van Leeuwen Rooms Hollands Recht. Amft. 1720.
128 M. Cæfar Hedendaags Regt. 1656.
129 De Groot Alphabet der Hollandfche Rechten. Amft. 1729
130 S. Groenewegen de Legibus abrogatis. Lugd. Batav. 1649. ribbe band.
131 E. van Zurk Codex Batavus. Delft 1727. fr. bt.
132 Ampele Deductien van den Hove van Holland. Delft 1739.
133 P. Wiltens Kerkelyk Placaatboek. Hage 1722. franfe band.
134 W. de Groot Inleyding tot de Practyk. Hage 1667.
135 H. de Groot Hollandfche Regtsgeleerdheydt met het Alphabet. Amft. 1727. 2 deelen ribbe banden.
136 G Waffenaer Practyck Judicieel en Notariaal. Utregt 1729. 3 deelen ribbe band.

137 W. van Alphen Papegay. Utregt 1720. 2 deelen ribbe banden.

138 C. Oztwyn Roomsch Regt. Leyde 1715. fr. band.

139 S. van Leeuwen Rooms-Hollands Regt. Amst. 1720.

140 Bellum Juridicum of Oozlog der Abbocaten. Utregt 1727. ribbe band.

141 Sententien en gewezen Zaken van den Hoge Provincialen Raad. Rott. 1662. ribbe band.

142 Hollandsche Consultatien en Advysen. Amst. 1728. 6 deelen ribbe bande.

143 J. Damhouder Pracktyk Civiel en Crimineel. Rott. 1660. ribbe band

144 B. Mourik Naamrol der Regtsgeleerde Schryvers. Amst.

145 Utrechtsche Consultatien. Utregt 1695. 3 deelen.

146 J. Sande Vyf Boeken der gewysde Sacken. Leuw. 1652.

147 Ozdonnantie en Manier van Proceedeeren booz den Rade van Brabant. Bruffel 1605.

148 Handbesten en Pzivilegien van de Graven van Holland. Hage 1663. groot papier.

149 Van den Bergh Nederlands Advysboek. Amst. 1707. 4 deelen.

150 Keure van 't Hooge Heemraadschap van Schieland. Rott. 1623.

151 Costumen van de Stadt Bergen op den Zoom.

152 *Puffendorf Droit de la Nature & des Gens. Amst. 1712. 2 tom. 1 vol. en vekin cordé.*

153 *H. Grotius Droit de la Guerre & de la Paix. Amst. 1724. 2 tom. 1 vol.*

154 *L'Ambassadeur & ses Fonctions par Wicquefort. Cologne 1690. 2 vol: en veau.*

155 *Traité General du Commerce par J. Ricard. Amst. 1721. en veau.*

156 *Le Negoce d'Amsterdam par J. P. Ricard. Amst. 1722. en veau.*

157 *L'Esprit des Loix. Geneve. 2 vol.*

158 Aanwysing van Heilzaame en Politique Gzonde van Holland. Hage 1669.

159 *Tibére ou Discours Politiques sur Tacite par la Motte. Amst.* 1683.
160 *Les Oeuvres de G. le Maitre Président du Parlement de Paris. Paris* 1680. *en veau.*
161 *Les Instituts du Droit Consulaire, ou les Elemens de la Jurisprudence des Marchands. Bourges* 1700.
162 *Oeuvres Diverses de Mr. Patru Contenant ses Plaidoyers, Harangues, Lettres & Vies de ses Amis. 2 vol. Paris* 1732. *en veau.*

Philosophi, Medici, Botanici, & Historiæ Naturalis Scriptores in Quarto.

163 **C**ours *Entier de Philosophie, par Regis. 3 vol. Amst.* 1691.
164 D. Laertius de Vitis Philosophorum. 2 vol. Amst. 1698. lig. gal.
165 3 *Traitez de la Philosophie Naturelle Sçavoir le Secret Livre d'un très Ancien Philosophe Artepbius, plus les figures Hierogliphiques de Flamel, ensemble le docte Synesius. Paris* 1612; *livre très rare.*
166 *Essai Philosophique Concernant l'Entendement Humain, par Locke. Amst.* 1729. *en veau.*
167 W. Senguerdii Philosophia Naturalis, Lugd. Bat. 1685.
168 R. Descartes Opera omnia in 9 vol. congesta. ribbe banden. Editio optima nitid. exempl.
169 A. le Grand Institutio Philosophiæ Secundum Principia R. Descartes. Lond. 1678.
170 *Principes de Physique, par Hartsoeker. Paris* 1696. *en veau.*
171 *Essais de Physique, par Muschenbroek. 2 vol. Leyd.* 1739. *fig.*
172 J van Beverwyks Wecken. Amst. 1672. met platen.
173 Verhandeling van het Ampt der Vroedmeesters en Vrouwen, door Demps Leyde 1713.
174 *Description Anatomique des Parties des Femmes Servant*

vant à la Generation avec un Traité des Monftres, par Palfin. avee fig. en veau.

175 *Traité des Maladies des Femmes Groffes, par Moriceau.* 2 *vol. Paris* 1712. *en veau.*

176 J. Fr. Löwe Univerfa Medicina Practica. Norimb. 1724. ribbe band.

177 ——————— Theatrum Medicum Juridicum. ibid. 1715. ribbe band.

178 ——————— de Variolis & Morbilis. Norimb. 1699.

179 Sturmi Collegium Experimentale five Curiofum. ibid. 1676.

180 G. Clauderi Methodus Balfamandi. Alt. 1679.

181 M. Mayeri Scrutinicum Chymicum. Francof. 1687.

182 Roxendorfius de Florum Cultura, Amft. 1646. lig. gal.

183 M. Mappi Hiftoria Plantarum Alfaticarum, Arg. 1742.

184 Agricola van de Queekkonft van Boomen/ Heefters &c. Amft. 1719. fr. band.

185 *Oeconomie de la Campagne, par Liger.* 2 *tom.* 1 *vol. Amft.* 1701. *en veau.*

186 *Inftruction pour les Jardins, par Quintinie.* 2 *vol. Paris* 1716. *eu veau.*

187 *Le Même Livre.* 2 *vol. Paris* 1730.

188 J. P. Tournefort Inftitutiones Rei Herbariæ. 3 vol. Parifiis è Typ. Regia 1719. cum fig. lig. gal.

189 H. Boerhave Index Plantarum Horti. Lugd. Batavi. Lugd. Bat. 1720. fig. lig. gal.

190 *Les Rufes Innocentes de la Chaffe, Paris* 1660. *fig. en veau.*

191 *Les Agremens de la Campagne, ou Remarques fur les Conftructions des Maifons de Campagne, Jardins de Plaifance, avec les Ornemens, Leyden* 1750.

192 C. Plinii Naturalis Hiftoria in ufum Delphini,——— 5 vol. Paris 1685. lig. gal.

193 Leuwenhoek Bueorn van de Verborgentheyd der Natuur. met pl. Delft 1718.

194 Leeuwenhoek Ontledigingen van Verborgentheeden. Lpden 1685.

195 —————— Opera omnia. 4 vol. Lugd. Bat. 1722.

196 3 *Traites de la Philofophie Naturelle non encore Imprimez, Savoir le Secret du très ancien Philofophe Artiphius &c· Paris* 1612. *rar.*

197 *Le Parfait Marechal, par Solleyfel.* 2 *tom.* 1 *vol. Haye* 1691. *en veau.*

198 *L'Ecurie du Sr. Fr. Grifon. Paris* 1559. *en veau.*

199 *La Venerie Royale, par R. de Salnove. Paris* 1665. *rar.*

200 Wiskundige Grondbeginfelen der Natuurkunde, door 'sGravefande. Lepde 1743. met platen.

201 Beginfelen der Natuurkunde/ door Muffchenbroek. 2 deelen ibid. 1739. met pl.

202 De Natuurkunde/ door Defaguliers. Amft. 1736. met platen. bis.

203 C. Hugenii Opera Varia. Lugd. Bat. 1724. ribbe band.

204 V. Schooten Mathematifche Geffeninge. Amft. 1659.

205 De geheele Mathefis, door de Graaf. ibid. 1694. met platen

206 De Graaf Inlpding tot de Wiskonft en Algebra. ibid. 1706.

207 Blauw van de Globens. Amft. 1655.

208 R. Hues van de Globens. ibid. 1623.

209 *L'Ecole de Mars par Guignard.* 2 *vol. Paris* 1725. *fig. en veau.*

210 *Obfervations Mathematiques, Aftronomiques &c. par Souciet. ibid.* 1729. *en veau.*

211 *Oeuvres de Phyfique, par Perrault.* 2 *tom.* 1 *vol. Amft.* 1717. *en veau.*

212 J. Voffius de Motu Marium & Ventorum. Hagæ 1663.

213 DIctionaire de Marine & de l'Architecture Na-
       vale. Amst. 1736.
214 L'Art de Batir les vaisseaux avec les Pavillons de
       divers Etats. Amst. 1719. avec fig.
215 Traité d'Architecture avec des Remarques & des
       Observations, par S. le Clerc. 2 vol. Paris 1714.
       fig. en veau.
216 Recueil de Figures Chinoises du Cabinet de Boucher
       dessinées & Gravées par lui même.
217 Ovidii Metamorphoses par St. de la Belle.
218 Vita Corniliana mith 100. Kupffren.
219 Recueil des Lions par B. Picart, avec 42 fig.
220 Caracteres des Passions par le Brun Gravez par S.
       le Clerc.
221 Afbeelding van Bataillien door Boschart.
222 Imago Bonitatis Illius. Sadeler Sculp.
223 Les Quatre vents. Sadeler Sculp.
224 20 Divers Petits Estampes.
225 Les Passions de N. Seigneur par Goltius.
226 Recueil des Figures, Groupes & Thermes de Versailles
       par Thomassin. Amst. 1692. en veau.
227 De Zegepralende Vecht/ vertoonende alle de Gezig-
       ten van Luftplaetsen/ beginnende van Uitrecht en
       besluitende met Muiden. Amst. 1712.
228 Krygs-Oeffeninge ofte de Exercitie afgebeelt in 100
       kopere pl. door J: Borel
229 Theatrum Diverf. in doctrinis Speciei Amœ-
       nitat. Opera G. Rigg Pictoris. Viennæ 1728.
       nitid fig.
230 Mysteriosa Typica Descriptio. ibid. 1736.
       nitid. fig.

Antiquarii in Quarto.

231 ROma Sotterranea di Ant. Bofio. Roma
       1650.

232 *Histoire des Grands Chemins de l'Empire Romain par Berger. 2 vol. gr. pap. Bruf. 1718. en veau.*

233 Gemmæ & Sculpturæ Antiquæ Depictæ ab L. Augustini per J. Gronovium. 2 tom. 1 vol. Amst. 1685. lig. gal.

234 J. B. Casalius de Prophanis Agyptiorum, Rom. Sacris Christianorum Ritibus. Francf. 1681. & lig. gal.

235 J. Fr. Gronovius de Sistertiis. Lugd. Batav. 1691.

236 J. de Wilde Selecta Numismata Antiqua. Amst. 1692. fig. lig. gal.

237 —————— Gemmæ Selectæ Antiquæ. Amst. 1703. lig. gal.

238 —————— Signa Antiqua per Mariam Filiam ærl. inscripta. 1700. fig. lig. gal.

239 A. Gorlæi Dactyliotheca cum Explicationibus J. Gronovii. 2 vol. Lugd. Bat. 1695. Ch. Maj lig. gal.

240 *Images des Heros & des grands Hommes de l'Antiquité Dessinées sur des Medailes, des Pierres Antiques & autres Anciens Monumens par Canini, Gravées par Picart. Amst. 1731. gr. pap.*

241 *Les Cesars de l'Empereur Julien par Spanheim avec plus de 300 Medailles par B. Picart. Amst. 1718. en veau.*

242 Laurenbergii Græcia Antiqua. Amstel. 1660. lig. gal.

243 Numismata Imperatorum Romanorum Præstantiora à J. Cæsare ad Posthumum & Tyrannos, per J. Vaillant. 2 vol. Amst. 1694. lig. gal.

244 A. Bynæus de Calceis Hebæorum. Dord. 1715.

245 C. Landi Selecta Numismata. L. Batav. 1695. lig. gal.

246 L. Begeri Bellum & Excidium Trojanum. Berol. 1699.

247 Em. Thesauri Inscriptiones. Col. 1671.

248 F. Ursini Illustrium Imagines. Antv. 1606.

249 P. Merulæ opera Varia Poſthuma. L. Batav.
1684.

250 Roma Antica di Fr. Nardini, Roma 1666. fig.
lig. gal.

Hiſtorici in Quarto.

251 Hiſtoire Univerſelle *par des Gens de Lettres de-*
puis le Commencement du Monde. 10 vol.
Amſt. 1742. &c. *avec fig.*

252 M. Voſſii Annales Hollandiæ. Amſt. 1680.

253 M. Voſſius Nederlandſche Jaarboeken. Gorichem
1677. ribbe band.

254 P. Valkenier verward Europa. Amſt. 1688. 2
deelen groot pap. fr banden.

255 P. Pers verwarde Adelaar en ontſtelde Leeuw.
Amſt.

256 E. van der Hoeven Hollands aloude Vryheyd
buyten het Stadhouderſchap. Amſt. 1706. met pl.
ribbe band.

257 P. Schyvertius beſchryvinge van de Graven van
Holland. Hage 1667. met pl. groot pap fr. bt.

258 L. Smits Levens-Schets en afbeeldingen der Graven van Holland. met pl. Amſt 1744.

259 B. Coſterus Hiſtoriſch verhaal met het Vidimus
daar tegen. Leyden 1737.

260 A. Pers naamrol der Batabiſche Schryvers met
platen. Leyden 1701.

261 Leven en Dood van Johan en Cornelis de Wit,
door van der Hoeven. Amſt. 1705. met platen
groot papier.

262 H. Bentivoglio Hiſtorie der Nederlandſche Oorlogen Amſt. 1674.

263 Leven en Daden der Doorlugtige Zee-Helden.
Amſt. 1682 met pl gr. papier

264 *Advis Fidelle aux veritables Hollandois.* 1673. *avec*
fig. en veau.

265 J. Douſæ Echo ſive Luſus imaginis Jocoſæ,
item, Annales Hollandiæ, item H. Grotius

de Antiquitatæ Reipublicæ Batavæ. Hagæ 1603. lig. gal.

266 Du Tolt Hollands Heil en Rampen. Amsterd. 1686.

267 P. Schriverius oude Goudsche Kronyk. Amst. 1663. met platen.

268 C. Wachtendorp Kpm Kronyk. Hage 1648. met pl.

269 Grieksche Historie/ door Herodotus. Amst. 1661.

270 Havart Op-en Ondergang van Cormandel. met pl.

271 Historie en Leven van Johan van Oldenbarneveld. 1648. groot pap.

272 S. van Leeuwen Regt der Edelen en welgeboren in Holland. Hage 1679. fr. band.

273 Kompn de Hoge Spiegel van Staat. Amst. 1706. fr. band.

274 Tractaet van de Oudheyt van de Batavische Republick. Hage 1610.

275 A. Rademaker Kabinet der Nederlandsche oudheeden. met platen Amst. 1725. 8 deelen groot papier franse banden.

276 L. van den Bos Treur-Tonneel der Doorlugtige Mannen en Vrouwen. 4 deele Amst. 1698. met platen ribbe banden

277 S. Lois Kronyk of beschryving van Rotterdam. Hage 1746.

278 Beschryving der Stad Oudewater. Delft 1747. met platen.

279 C. van der Woof Beschryving van Enkhuysen, met de Vervolgen. Enkhuis. 1666. met platen franse band.

280 A. Kemps Beschryving van Gorichem. Gorich. 1656.

281 M. van Balen Beschryvinge van Dordrecht. Dort. 1677. met platen.

282 Velii Kronyk van Hoorn. Hoorn 1648. met pl. ribbe band.

283 I. van Oudenhove Hollandsche Land-en Heeren-huysen &c. Amst. 1743.

284 I. Orles Beschryving der Stad Leyden. Leyden 1614. met platen.

285 F. Fabricius Redevoering der derde Jubel-Jaer van de Academie. Leyd. 1725. met platen.

286 Beſchrybing der Stadt Aaken. Leyden 1727. met pl franſe band.

287 H. Loyens Brevis & Succincta Synopſis Rerum maxime Memorabilium bello & Pace geſtarum ab Sereniſſimis Lotharingæ &c. Ducibus. Bruxel. 1672. cum fig.

288 P. C. Hoofts Leben van Henderik de Groot. Amſt. 1638.

289 J. Oudaan Roomſche Mogentheyt / vol pl. fr. bt.

290 Schotanus Beſchrybing van Friesland.

291 Brieven van Johan en Cornelis de Witt / met het Verbaal van Beverninck. Hage 1723. 7 deelen fr. banden.

292 Hollandſche Mercurius van den Jaare 1650. tot 1690. compleet in 9 fr. banden gebonden.

293 Pers Naamrol der Batabiſche Schryvers. Leyde 1701.

294 Een ſeer fraaye collectie van Politique en Hiſtoriſche Tractaten beginnende met den Jaare 1570. tot 1748. in 51 deelen 300 gebonden als ingenaapt.

295 *Hiſtoire des Revolutions d'Angleterre par le Pere d'Orleans. 3 vol gr. pap. Haye 1729.*

296 *G. Burnet Hiſtoire d'Angleterre. Haye 1735. avec fig. 2 vol. en veau*

297 *Rapin Thoyras Hiſtoire d'Angleterre. ibid. 1728. 13 vol. en veau.*

298 *——— Abregé de l'Hiſtoire d'Angleterre. ibid. 1730. 3 vol. en veau.*

299 *P. Daniel Hiſtoire de France. Paris 1729. 10 vol. en veau.*

300 *——— Hiſtoire de la Milice Françoiſe. Amſt. 1724. 2 vol. en veau.*

301 *Hiſtoire de la Lapponie, par Scheffer. Paris 1678. fig. en veau.*

302 *——— des Papes. Haye 1732. 5 vol. en veau.*

303 *P. P. Catrou Hiſtoire Romaine. Paris 1725. 19 vol. en veau.*

304 P. Texelii Phœnix Viſus & Auditus.

305

305 *Vertot Histoire des Chevaliers de Malthe. Paris 1726.*
     avec fig. 4 vol. en veau gr. pap.
306 ——————— *Histoire des Revolutions Romaines. Haye*
     1724. velin cordé.
307 *Theatre de la Noblesse de Brabant. Liege 1705.*
     en veau.
308 *Histoire de Quinte Curce par Vaugelas. Paris 1653.*
309 *Les Commentaires de César. ibid. 1652. en veau.*
310 *Histoire de l'Empereur Charles Quint, par J. de Vera.*
     ibid. 1652
311 C. Suetonius Grævii. Trajecti ad Rhenum.
     1691 lig. gal.
312 Salustius Haverkampi. 2 vol. Amst. 1742.
313 H. Junii Batavia. Lugd. Bat. 1588.
314 A. Thysii Historia Navalis. ibid. 1657.
315 Beschryving van den Oorlog in Kandia / Amst.
     1671
316 *Charlevoix Histoire de Saint Domingue. Paris 1730.*
     2 vol. en veau.
317 Junius Schilderkonst der Ouden. Middelb. 1675.
     ribbe band.
318 J. C. Weyerman Leeven der Schilders en Schil-
     deressen Hage 1729. 3 deelen groot pap. met plat.
     in fr. banden.
319 P. Dodyns Haagse Mercure. Hage 1698. 2
     deelen fr. banden.
320 Van Holst Haagse Mercure. ibid. 1708. 2 deelen
     fr. band.
321 *Description de touts les Pays-Bas par Guicciardin.*
     fig. en veau.
322 *Histoire de l'Edit de Nantes. Delft 1693. 5 vol.*
     grand papier en veau.
323 *Dacier Vies des Hommes Illustres de Plutarque.*
     Paris 1721. 8 vol. en veau.
324 *Memoires pour Servir à l'Histoire du XVII. Siècle*
     par Lamberty. Haye 1724. 12. vol. en veau.
325 C. Matthiæ Theatrum Historicum Amst. 1648.
     ribbe band verguld
326 P. Cluverii Introductio in Universam Geogra-
     phiam. Amst. 1683.

327 J. Luyts Introductio ad Geographiam. Traject. ad Rhenum 1692. fray afgeſet. lig. gal.

328 C. Cellarii Notitia orbis antiqui ſive Geographia. Lipſiæ 1723. 2 vol. lig. gal.

329 *Geographie Ancienne Moderne & Hiſtorique*, 3 vol. *Paris* 1694.

330 P. Brittio Parallela Geographiæ Veteris & Novæ. Paris 1648.

331 J. Verheyden Afbeeldinge van ſommige in Gods Woord ervarene Mannen die de Roomſche Antichriſt beſtreeden hebben. Hage 1603. met pl.

332 *Hiſtoire & Memoires de l'Academie Royale des Inſcriptions & des Belles Lettres. Paris* 1717. *avec des belles fig.* 4 *vol. en veau.*

333 ——————— *Ecclefiaſtique & Civile du Duché de Luxembourg & Comté de Chiny, par Bartholes.* 8 *vol. Luxemb.* 1741.

334 ——————— *des Cardinaux Illuſtres, par Verdier. Paris* 1653. *fig.*

335 ——————— *Univerſelle de Jaques Auguſte de Thou avec la Suite, par N. Rigault & Augmenté de Remarques Hiſtoriques & Critiques des divers Autheurs.* 10 *vol. Haye* 1740.

336 ——————— *de Portugal, par Neuville.* 2 *vol. Paris* 1700. *fig. en veau.*

337 ——————— *Civile du Royaume de Naples Traduite de l'Italien de Pierre Giannone, avec des Nouvelles Notes.* 4 *vol. Haye* 1742.

338 Joan. Majorii Hiſtoria Majoris Britanniæ, tam Angliæ quam Scotiæ. Edinb. 1740.

339 Dictis Cretenſis in uſum Delphini, **Amſt.** 1702.

340 *Quartiers Genealogiques des Familles Nobles d'Eſpagne, Allemagne, France* 17 *Province &c. par le Blond. Brux.* 1724.

341 C. H. van Papendrecht Archipresbyteri Mechlinienſis Analecta Belgica. 6 tom. 3 vol. Hagæ 1743.

342 A. Matthæi Veteris Ævi Analecta quæ præcipue Hiſtoriam Univerſalem, Expeditiones in

Terram Sanctam, Res Germaniæ, Hollandiæ &c. 5 vol. Hagæ 1738.

343 *Hiſtoire des Découvertes & Conqueſtes des Portugais dans le Nouveau Monde, par Lafitau.* 2 vol. *Paris* 1737 *fig. en veau.*

344 Chartarii Imagines Deorum. Moguntiæ 1687. cum fig.

345 Illuſtris Academia Lugd. Batava, id eſt Virorum Clariſſimorum icones. Lugd. Batav. 1613. cum fig.

346 D. Hartnaccii Breviarium Hiſtoriæ Turcicæ. Hamburg. 1684. cum fig.

347 *Deſcription Geographique, Hiſtorique, Chronologique de la Chine &c. par du Halde. avec l'Atlas in Folis. Haye* 1736. 5 *vol.*

348 *Les Six Voyages de Tavernir en Tartarie & Perſe.* 3 *vol. Paris* 1677. *fig. en veau.*

349 *Nouveau Voyage aux Iſles des l'Amerique, par le P. Labat. Haye* 1724. 2 *vol. en veau avec fig.*

350 *Voyage Hiſtorique d'Abiſſinie par J. Lobo. Paris* 1729.

351 *Relation d'un Voyage fait au Levant par Thevenot. Paris* 1665. 3 *vol. en veau.*

352 —————— —————— *du Levant par Tournefort. Paris* 1717. 2 *vol. avec fig.*

353 —————— —————— *de la Mer du Sud par Frezier. Paris* 1716. *avec fig. en veau.*

354 *Pauſanias ou Voyage Hiſtorique de la Grece par l'Abbé Gedoyn. Paris* 1731 *avec fig.* 2 *vol.*

355 *Journal des Voyages de Monconys,* 2 *vol. Lyon* 1665. *fig.*

355* *Hiſtoire Generale des Voyages, ou Nouvelle Collection de toutes les Relations de Voyages. Haye* 1737. 9 *vol. avec fig.*

356 De Voortreffelyke Reizen van Pietro Della Valle. Amſt. 1664. 6 deelen in 2 fr. banden met pl.

357 Jan Janſen Strups aanmerkelyke Reyzen. Amſt. 1676. met platen franſe band.

358 Wouter Schoutens Ooſtindiſche Voyagen. Amſt. 1676. met pl. fr. band.

359 A. Bogaarts Hiſtoriſche Reizen door Aſia, Amſt. 1711. met platen.
360 Reyze door Spaenſch Weſtindien, door T. Gage. Utregt 1682. met platen.
361 Reyzen door de Ooſtindien door Frikius, Heſſe en Schweyzer Utregt 1694. met platen.
362 Gedenkwaardige Reyzen van Eduward Brown. Amſt. 1682. met platen.
363 Hiſtoriſche Reysbeſchryving door Europa. Leyden 1700. met pl.
364 Tegenwoordige toeſtand van het Pauſelyke Hof. Utregt 1697. met pl.
365 Korte Hiſtoriael en Journael van Pieter van den Broeke. Harlem 1634 met pl.
366 Burnet Voyge door Switſerland. Utregt 1687.
367 Sandys / Mandelflo / Lifgouws en meer andere Reyzen alle in een band. Utregt 1654 met pl.
368 Voyage door Italien / Dalmatien &c. door Spon en Wheler Amſt. 1689. met platen.
369 Twee-Jaarige Reyze na de Zuydlanden. Dort 1728. met pl.
370 Voyage van Koenraed Klenk. Amſt. 1577. met pl.
371 Hennepin Beſchryving van Louiſania. Amſt. 1688. met platen.
372 Reyze na de Ooſterſche Landſchappen, door P. Venetus Amſt. 1664 met pl.
373 Van Vliet Beſchryvinge van het Koningryk Siam. Leyden 1692 fr. band.
374 M. Z. Boxhornii Theatrum ſive Hollandiæ Comitatus & Urbium nova Deſcriptio. Amſt. 1632. cum fig.
375 Nieuwe Ontdekkinge van America door Hennepin. met platen.
376 Dampiers Reyſen Rondom de Werelt. met platen fr. band
377 Americaanſche Zee Rovers. met plate.
378 *Voyages du Chevalier Chardin en Perſe & aux Indes.* 3 vol. *Amſt.* 1712. *fig. en veau.*

<table><tr><td>G 2</td><td>*Poëta*</td></tr></table>

379 POëſies Galantes & Heroïques du Sr. Triſtan l'Hermite. Paris 1662. fig. en veau.

380 Zidloos Poëzy 3 deelen Leyde 1719.

4 ——— 381 Q. Horatii Flacci Emblemata Studio O. Væni. Antv. 1612. fig. lig. gal

382 Clootwyk Roomſche Min - Triumph. Hage 1651.

383 Homeri Odyſſea, Græce. Lovanii 1535.

384 Catullus cum J. Voſſii Obſervat. Lugd. Bat. 1684.

385 H. Grotii Excerpta ex Tragœdiis & Comœdiis Græcis. Gr. & Lat. Paris 1626.

386 Juvenalis & Perſii Satyræ per J. Caſaubonum. 2 vol. Lugd. Bat. 1695. ribbe band.

387 V. Flacci Argonautica cura P. Burmanni. Lugd. Bat. 1724. lig. gal.

388 Terentius A. Henr. Weſterhovi. 2 vol. Hagæ 1726.

389 Horatius Torrentii. Antv. 1608. ribbe band.

390 Ciceronis Opera omnia in Uſum Delphini per J. Olivet. 9 tom. Genev. 1743.

391 Ciceronis Opera omnia Gronovii. 2 vol. Lugd. Bat. 1692. lig. gal.

392 Phœdri Fabulæ, D. Hoogſtratani. Amſt. 1701. cum fig. lig. gal.

393 Boogaart Roomſche Monarchy. gr. pap. Uptr. 1697. fr. band.

394 Poots Gedigten / met platen 2 deelen. Delft 1722. fr. band.

395 Alle de Werken van Ovidius, door Valentyn, met Verklaringen van Smids. 3 deelen gr. pap. Amſt. 1700 met pl. fr. b.

396 Gorgans Wilhem de 3de. 2 deelen. 1 ribbe band. gr. pap. Uptr. 1698

397 ——————— Poëzy. groot pap. Leeuw. 1715. met platen fr. band

398 C. Bake Bydelgezangen. Amſt. 1685. met pl. fr. band.

399

399 Stigtelpke gedigten van de Heer van Maasdam.
400 J. v. den Vondels Treurspeelen. in 4 deelen. Amst. 1719.
401 ——— ——— Virgilius in Vers. ibid. 1696.
402 ——— ——— Virgilius in Proſa ibid. 1646.
403 ——— ——— Ovidius. ibid. 1671.
404 ——— ——— Poëzy. 2 deelen. 1682.
405 ——— ——— Altaar - Geheimniſſe. Keule 1645.
406 ——— ——— Maagde - Brieven. Amst. 1687.
407 ——— ——— Heerlykheyd der Kerke. Keule. 1663.
408 ——— ——— Davids Harpzangen. Amst. 1696. deeſe alle in fr. banden.
409 ——— ——— Beſpiegelinge van God en Godsdienst. ibid. 1662. Item Johannes de Boetgeſant. ibid 1662. in hoorne b.
410 ——— ——— Waarande der Dieren. ibid. 1682 (Deeſe en de vorige van Vondel alle op groot papier.)
411 ——— ——— Gulde Winkel. ibid. 1613. fr. band.
412 ——— ——— Heldinne Brieven ibid. 1715. fr. band.
413 ——— ——— Tooneel des Menſchen Levens. ibid. 1699. fr. band. wat boorwurmt.
414 ——— ——— Helden Gods. ibid. 1699. fr. band.
415 Het Leven van Jooſt van Vondel en Lykdigten op denſelven. gr. pap. fr. band.
416 C. Goddæi P Gedigten. Hard 1656.
417 *Les Emblemes d'Amour de Ot. Vænius.* 1668.
418 Amoris divini Emblemata O. Væni. Antv. 1660 lig. gal.
419 Elegantiſſima Emblemata. L. B. 1696 fig.
420 Parvus Mundus. fig.
421 Ueus Clementis Moſa Triumphans ſub Heroë Fr. Henrico Principe. 1632.
422 G. J. Voſſii Poëticæ Inſtitutiones. 1647.

423 Lauwerkrans voor Godsalige Martelaaren / door de Jesuiten tot Cooin omgebragt.

424 Telemachus in Nederduytsche Versen. Amst. 1733.

425 's Gravenhage door vander Does. 1668.

426 Alle de Werken van Brederode 1638. r. b.

427 l'Ovide in belle Humeur, avec fig. Burlesques. Paris 1653. en veau

428 Musæus, Moschus & Bion A. Whitfordi. Gr. & Lat. Lond. 1659.

429 Nouvelles Poësies sur les plus beaux Airs de la Musique. Paris 1730. en veau.

430 l'Eneide de Virgile, par Segrais. Paris 1668. en veau.

431 J. de Marre Batavia. Amst. 1740.

432 ————— Bespiegelingen van Gods Wysheyd. Amst. 1746.

433 ————— Hof- en Mengeldigten. ibid. 1741.

434 l'Eneide de Virgile avec des Remarques, par Perrin. 2 vol. Paris 1658. fig. en veau.

435 Oeuvres de Cl. Jean & Michel Marot, Imprimées en quadres. 4 vol. Haye 1731.

436 Emblemes ou Devises Chrestiennes par G. de Montenay. Lion 1571. cum fig. en veau.

437 J. de Zittre Emblemes Nouveaux. Francof. 1617. avec fig.

438 Emblematische Gemühts - Vergnügung und betrachtung met kupfferen.

439 J. van Hoogstraten Leerzame Fabelen. Rotterd. 1731. met pl.

440 A. Burgundi Mundi Lapis Lydius sive Vanitas per Veritate Falsi. Antverpiæ 1639. cum fig. lig. gal.

441 Labyrinte de Versailles. Haye 1724. avec fig.

442 Le Centre de l'Amour, decouvert souls divers Emblemes Galans & Facetieux. Paris avec fig. en veau.

443 Esopus in Europa. Amst. 1701. met platen van Romin de Hoge. fr. band.

444 A. Redelii Apophtegmata Symbolica, Moralia & Ethica Dogmatica. cum fig.

445

445 A. Redelii Annus Symbolicus, Emblematice &
verſu Leonino, cum fig.

446 G. Kleppiſi Emblemata Varia 1623. cum fig.

447 Belropyon of Luſt der Wyſheyd. Amſt. 1614.
met platen

448 *Diviſes & Emblemes par D. la Feuille. Amſt. 1693.
avec fig.*

449 Claudiani opera Noviſſime ſine Anno, item
Luciani Dialogi. Anni 1514. raar.

450 Afbeeldinge van de Eerſte Eeuwe der Societeyt
Jeſu Antwerpen 1640 met pl.

451 *Metamorphoſes d'Ovide en Rondeaux imprimées par
ordre de ſa Majeſté avec fig. de S. le Clerc. Paris
de l'Imprimerie Royale 1976. en veau.*

452 Alle de Gedigten van Jan Vos. 2 deele gr. pap.
Amſt. 1726. fr. band.

453 *Oeuvres de la Fontaine. 3 vol. Anvers 1726. en v.* ——

454 ————— *de Racine. 2 vol. Lond. 1723. fig. en v.* ——

455 ————— *de Rouſſeau. 2 vol. Lond. 1723. en veau.* ——

456 *Fables de la Motte avec fig. de Coypel & Gillot. Paris* ——
gr. pap. en veau.

457 Huygens Koren-Bloemen. 2 deele gr. pap. Amſt.
1672. fr. band.

458 Cats Sinne- en Minne-Beelden/ Maagde pligt,
en ſelfs Stryd. Mid. 1618.

459 ————— Sinne en Minne Beelden. Rott. 1627.

460 ————— Trouw-Ring. Dort 1637.

461 ————— Huwlyk. Middelb. 1625.

462 ————— Spiegel van d'Oude en Nieuwe Tyt.
Hage 1632.

463 ————— Ouderdom en Buyte-Leven Amſt. 1656.
alle uyt eene hand in rope fr. banden vergult op ſne
en plat ſeer curieus.

464 J. G. Zinggrævii Emblemata. 1666. fig.

465 Schoonhovii Emblemata. 1648. fig.

466 J. Camerarii Emblemata. 1661. fig.

467 Ot. Væni Emblemata. Bruſ. 1624. fig.

468 P. Sancta Symbola Heroica. Amſt. 1682. fig.
llg. gal.

4— 469 Theatrum vitæ Humanæ J. Boiſſardi. Francof. 1596. fig. lig. gal.

4—470 *Fables d'Eſope. avec fig. de Sadeler. Paris* 1689. *en veau.*

471 Hoogvliets Abraham de Aartsvader. Gott. 1728.

472 C. v. Blankenburg Nieuw Ligt der Muſica. 1 deel. Hage 1739

473 Alle de Comedien onder de Zinſpreuk Purgat & Ornat. complect. Amſt. 1707. 5 deelen niet pl.

Miſcellanei in Quarto.

474 Goere Almanachs-Heyligen. Amſt. 1730. fr. band.

475 Groot Schilderboek van Laireſſe. Haarl. 1740. 2 deelen in een ribbe band

476 Van Lupkens Kunſt-Tafereelen der eerſte Chriſtenen Amſt. 1722.

477 Hoonſtraten Schilderkonſt Gott 1678.

478 A. Turnebi Adverſaria. Aureliopoli. 1604.

479 Amuſſis Ferdinandea. Anno 1654. cum fig.

480 D. Magni Auſonii Opera interp. & Notis Illuſtravit J. Floridus in Uſum Delphini. 2 vol. Paris 1730.

481 Quintilianus Burmanni. 2 vol. Lugd. Bat. lig. gal.

482 J. Palmerii Exercitationes in Optimos fere Authores Græcos. Ultr. 1694.

483 De Elegantiori Latinitate Comparanda Scriptotores Selecti Studio R. Kettelii. Amſt. 1713.

484 *Quintilien de l'Inſtitution de l'Orateur, par Gedoin. Paris* 1718. *ribbe band.*

485 *Traité de la Nobleſſe, par la Roque. Paris* 1678.

486 *Verité des Miracles Operés par l'interceſſion de Mr. de Paris. Utr.* 1757.

487 Tupman Nederduytſche Spreekwoorden. 2 deelen fr. banden.

488 *Comparaiſons des grands Hommes de l'Antiquité. 2 tom. 1 vol. Paris* 1684.

489 *Oeuvres Meslées de St. Evremond.* 3 *vol. Lond.* 1709. ——
  sur le plus grand papier en veau.

490 𝔚𝔬𝔯𝔰𝔱𝔢𝔩 𝔨𝔬𝔫𝔰𝔱 𝔡𝔬𝔬𝔯 𝔓𝔢𝔱𝔱𝔢𝔯 𝔪𝔢𝔱 𝔭𝔩𝔞𝔱𝔢 𝔟𝔞𝔫 𝔊. 𝔡𝔢
  𝔙𝔬𝔤𝔲𝔢. 𝔣𝔯. 𝔟𝔞𝔫𝔡.

491 *Renverfement de la Morale Chretienne par les Def-* ——
  ordres du Monachifme Enrichi de Figures. 2 *tom.*
  en veau.

492 *Les Heros de la Ligue, ou la Proceffion Monacale.* ——
  Paris 1691. *en Mefetinte.*

493 Fafti Ducales Venetorum Ducum. Venetiæ
  1696.

494 *Methode Nouvelle pour apprendre l'Art du Blafon.*
  Amft. 1695. *avec fig. Enluminées.*

495 *Jugemens des Scavans par Baillet.* 8 *vol. Paris*
  1722. *en veau.*

496 𝔅𝔞𝔲𝔡𝔞𝔯𝔱𝔦𝔲𝔰 𝔊𝔢𝔡𝔢𝔫𝔨𝔱𝔴𝔞𝔞𝔯𝔡𝔦𝔤𝔢 𝔖𝔭𝔯𝔢𝔲𝔨𝔢𝔫. 𝔘𝔪𝔰𝔱𝔢𝔯𝔡.
  1657.

497 *Le Prince de Balzac. Paris* 1632.

498 Aurei Sæculi imago five Germanorum vete- ——
  rum Vitæ &c. A. A. Ortelio. fig. Antv. 1696.

499 Vocabulario Italiano-Turchefco da Padre Ber-
  nardo. 3 vol. Roma. 1665.

500 *Dictionaire Fr. & Flamand & Fl. & François par*
  Halma. 2 *vol. Amft.* 1719. *fr. bt.*

501 S. Pitifci Lexicon Latino - Belgicum. 2 vol.
  Dort. 1738. bis 1625.

502 𝔥𝔬𝔬𝔤𝔰𝔱𝔯𝔞𝔱𝔢𝔫𝔰 𝔚𝔬𝔬𝔯𝔡𝔟𝔬𝔢𝔨 𝔡𝔢𝔯 𝔑𝔢𝔢𝔡𝔢𝔯𝔩. 𝔢𝔫 𝔏𝔞𝔱𝔶𝔫𝔰𝔠𝔥𝔢
  𝔗𝔞𝔩𝔢𝔫. 𝔚𝔬𝔯𝔱 1736. 𝔟𝔦𝔰 1729.

503 Hubners Staat en Courante Tolk en Kunft-Woor-
  denboek. 2 deele 1732. en 1734.

504 𝔈𝔢𝔫 𝔎𝔞𝔱𝔢 𝔟𝔞𝔫 𝔡𝔢 𝔑𝔢𝔡𝔢𝔯𝔡𝔲𝔶𝔱𝔰𝔠𝔥𝔢 𝔖𝔭𝔯𝔞𝔨𝔢. 2 𝔡𝔢𝔢𝔩𝔢.
  𝔘𝔪𝔰𝔱. 1723. 𝔣𝔯. 𝔟𝔞𝔫𝔡

505 *Dictionaire Italien & François par Veneroni.* 2 *tom.*
  1 *vol. Amft* 1729. *en veau. bis.*

506 ———— *Univerfel de Commerce par Savary.* 2 *vol.*
  Amft. 1726. *en veau.*

507 ———— *François & Latin par Danet. Paris*
  1685.

508 ———— Latino-Gallicum A. Tacharti 1693.
H

509 Calepini Pafferatus. 1654.

510 Ortograffia Moderna Italiana per ufo del Se-
minario di Padova. Milano 1730.

511 *Dictionaire de la Langue Sainte, par Wolzogue. Amft.*
1703.

512 M. A. Severini Vipera Pythia, id eft, de Vi-
peræ natura, &c. Patav. 1651.

513 J. A. van der Linden Medicina Phyfiologica.
Amft 1653. hoorne band.

514 Tractatus inter S. Cæfar. S. Cathol. & Reg. Britan. Mjtes. Vien. 1731. Tractatus Confœder.
inter Reg. Suec. & Imp. Turcar. 1740. Kap=
ferlich Commiſſions Decretum &c 1734. Pro=
ject des Vergleichs &c. 1735. Von der Belagerung
der Stadt Dantzig 17'4

515 Morgagni in Celfum & S. Samonicum Epiftolæ. L. B. 1735.

516 Biblia Vulgatæ editionis. Lugd. 1727. lig. g.

517 J. Vorftius de Adagiis N. Teftamenti. Col.
1669. h. bt.

518 M. Hilleri Hierophyticon &c. Traj. ad Rh.
1725 h. bt.

519 J. Hildebrandus de Religiofis eorumque ordi-
nibus. Helmft. 174'.

520 Tractatus Theologico - Politicus. Hamb. 1670.
hoorn band.

521 B. Plazza de Literali proprio S. Scripheræ
fenfu. Panormi 1734.

522 J. Hildebrandus de Veterum Concionibus.
Helmft. 1736. it. Ejufd. Offertorium pro De-
functis. ibid. 1741.

523 Requeſt met Bygevoegde Deductie voor het Regt
van de Vryheid van Geloove / Gods Dienſt /
en Conſcientie / der Doopsgezinden in Friesland.
1740

524 Binæ Deductiones Regis Ruff. contra Jus Dioe-
cef. Epifcopi Warmienfis. 1732. item Expo-
fiko Juris Regi Ruff. circa templum ad Lindam
Marian. competentis 1725.

525

525 B. d. S. Opera Posthuma. 1677. h. b.
526 Ren. des Cartes Principiorum Philosophiæ
Pars 1. & 2. more Geometrico demonstratæ
per en. de Spinoza. Accesserunt Ejusd. Co-
gitata Metaphysica. Amst. 1663. Tractatus
Theol. Politicus. Hamb. 1670. h. bt.
527 *Dictionnaire François & Italien, de Veneroni. Venez.*
tom 2 in 1 vol hoorne bt.
528 *Le Grand Dictionaire François Latin Augmenté &c.*
Paris 1605. en velin.
529 Jobi Ludolfi Lexicon Æthiopico - Latinum,
& Grammatica Æthiopica. Lond. 1661. Specimen Psalterii Æthiopici. ibid. 1699. h. bt.
530 Julii Pollucis Onomasticon. Basil. 1541. h. bt.
531 A. Beiers allgemeines Handlungs-Kunst-Berg-
und Handwerks-Lexicon. Jen. 1722. h. band.
532 Petersburgische Anmerkungen bey den Zeitungen
auf die Jahre 1729. 1730. 1739. 1740. 1741.
compleet in 4 banden. Auf die Jahre 1733. 1734.
1735. 1736. 1738. defect in 5 banden.
533 Vertrautes Schreiben eines Teutschen Officiers
von den Conjuncteren in Moscau und dem Har-
ten Verfahren an den Fremdden. 1705. Item Beant-
wortung &c. 1706. Jt. Moscovitisches Kriegs-
Reglement 1706. rat.
534 Engeland Voedster en Beschermster van 't Vrye
Nederland, en meer andere Politique Schriften o-
ber de laatste Oorlog.
535 Dusburgi Chronicon Prussiæ, & Hartknochi
Antiquit. Pruss. Francof. 1674. lig. gal.
536 O. Borrichii Cogitationes de Variis Lat. Linguæ ætatibus. Hafn. 1675. Ejusd. Analecta ad
Cogit. de Ling Lat. ibid. 1682. h. b.
537 Morhofi Polyhistor Literarius. Lubec 1695.
pr. Editio. h. b.
538 Gassendus de vita & moribus Epicuri. Lugd.
1647. h. b.
539 Schielen Bibliotheca Enucleata. Vien. 1679.
hoorne band.

540 J. A. Fabricii Bibliotheca Græca. Hamb. 1718.
&c. in 14. ribbe banden.

541 P. Camerarii Horæ fubcefivæ. Francof. 1602.
lig. gal.

542 *Weekly Memorials or Account of Books. Lond.* 1683.

543 H. Cardanus de fomniis; de libris propriis, de
Curationibus &c. Bafil. 1562. lig. gal.

544 C. Garzoni Allgemeiner Schauplatz aller Profeffionen &c. Francf. 1659. h. b

545 *La Science des Eaux &c. par J. François. à Rennes*
1653. *en veau.*

546 C. Schotti Phyfica Curiofa. Herbip. 1697.
hoorne band.

547 J. Jungii Præcipuæ Opiniones Phyficæ. Hamb.
1679. h b.

548 A. Grandorgæus de Natura ignis, Lucis & Colorum. Cadoni 1664. h. b.

549 *The Philofophical Works of R. Boyle, by P. Shaw.*
Lond. 1738. 3 *hoorne banden.*

550 Thirnhaufen Medicina Mentis & Corporis. Lipf.
1695. h. b.

551 Du Hamel Opera Philofophica. Norimb. 1681.
in 2 hoorne b.

552 J. Voffius de Vera ætate Mundi Hage 1659.
hoorne b.

553 P. Bion Neu-Eröffnete Mathematifche Werk-Schule. Nürnb 1716. h b.

554 P. Alpini Hiftoria Naturalis Ægypti & de
Plantis Ægypti, cum Veflingii Not. 2 tom. Lugd.
Bat. 1735. in 1 hoorne b.

555 ———— Medicina Ægyptiorum: libri de Balfamo &c. ibid. 1719 h. b.

556 A. Peritfol Itinera Mundi. Oxon. 1691. h. b.

557 *The Hiftory and Antiquities of Harwich &c. by*
Taylor. with Notes and Obfervat. by S. Dale. Lond.
1730. *hoorn band.*

558 J. J. Scheuchzeri Itinera Alpina in IV. tomos diftincta. L. B. 1723. in 2 h. b.

559 Ejufd. Hiftoria Naturalis Helvetiæ. Tiguri
1716. &c. h. b.

560 J. Swammerdamii Historia Insectorum. L. B. 1685. lig· gal.
561 J. W. a Stubenberg Norma seu Regula Armentorum Equinorum Instituendorum. Viennæ 1662.
562 Phile de Animalium Proprietate restitutus à J. C. de Pauw. Traj. 1730 h. b,
563 J. A. Borellus de motu Animalium. Hagæ 1743. ribbe band.
564 M. A. Severini Zootomia Democritæa. Norib. 1645. h. b.
565 *A Dissertation upon Tea &c. by T. Short. Lond.* 1730.
566 *The Experimental Husbandman and Gardener by Agricola, with an Appendix of Experiments, by Bradley. Lond.* 1726. *fr. b.*
567 *New Principles of Gardening, by B. Langley. ibid.* 1739. *h. b.*
568 *Istoria e Coltura delle Piante, di P. B. Clarici. Venez* 1726. *h. b.*
569 *Instruction pour les Jardins par Quintinye Amst.* 1696. *Item l'Art de tailler les Arbres &c. ibid.* 1699. *en velin.*
570 Entdeckte Grufft Naturlicher Geheimnisse. Frankf. 1718
571 J. G. Volckameri Flora Noribergensis. Norib. 1700.
572 L. Stocker Thermographia Budensis. Aug. Vind. 1721.
573 J. G. Bergerus de Thermis Carolinis. Lips. 1709.
574 M. Pottier Philosophia Chymica. Francof. 1648.
575 J. Junckeri Conspectus Chemiæ &c. Hal 1730.
576 G. E. Stahlii Opusculum Chym. Phys. Med. &c. ibid. 1715. h. b.
577 J. J. Beccheri Physica subterranea &c. cum Stahlii Specimine. Lips. 1738.
578 G. F. Garmanni de Miraculis Mortuorum libri tres. Dresd. 1709. h. b.

579 J. Beverovicius de vitæ Termino. Lugd. Bat.
1652. h. b.

580 J. Dubravius de Piſcinis &c. Helmſt. 1671. rar.
corio Turc. rubro deaur.

581 C. G. Stentzelii Toxicologia ſeu de Venenis
Libri III. Witt. & Lipſ.

582 F. Fogerolæi Methodus in VII. Aphoriſmorum
Hipp. Libros. Paris 1612. h. b. rar.

583 *Hiſtoire de la Medecine, par Dan. le Clerc, à la
Haye 1729. en veau.*

584 J. H. Schulzii Hiſtoria Medicinæ. Lipſ. 1728.
hoorne band.

Theologici in Octavo.

1 *STe Bible, Nouvelle Verſion. Proprement en
veau.*

2 Biblia Sacra Junii & Tremellii. Amſt. 1633.

3 Novum Teſtamentum Græcum. Lugd. Bat. apud
Elzevier. 1624. lig. gal. bis. 1641.

4 *Nouveau Teſtament & Pſeaumes. Amſt. 1740.*

5 Novum Teſtamentum Græcum. Lond. 1714.
lig. gal.

6 *Nouveau Teſtament avec des Reflexions Morales du
Pere Quénel. 8 tom. 4 vol. Paris 1702. en veau.*

7 *Hiſtoire Sacrée, par Brianville. 3 vol. ibid. 1672. avec
fig. de S. le Clerc. en veau.*

8 *——— Sainte de la Bible par le Pere Gerard. 3
vol. avec des tailles douces ibid. 1688. en veau.*

9 *——— de l'Ecriture Sainte en forme de Catechiſme. Amſt. 1698. fig. en veau.*

10 *——— des Juifs, par Fl. Joſeph. 5 vol. 1676.
en veau.*

11 *Sens Litteral de l'Ecriture Sainte des Miracles que J.
Chriſt a opreé, par Stackhauſen. 3 vol. Haye 1738.*

12 *Pſeaumes de David, par C. C. Gondimel. 1602.*

13 *Pharaphraſe des Pſeaumes, par Godeau. 1676.*

14 Pſalmen door Boom Gott 1648.

15 ——— door Weſterbaan 1655.

16 Pſalmen door Camphuyſen 1650.
17 ——— door Zylſeu. 1686
18 *Hiſtoire de l'Egliſe, par Couſin. 6 tom. 3 vol. 1686.*
19 ——— *Eccleſiaſtiqne, par Fleury. Brux. 1722. 26 vol. en veau.*
20 Korte Belydenis des Geloofs der Nederlandſche Kerke 1566. heel raar.
21 De Witte Catechiſmus 1663.
22 *Hiſtoire des Juifs, par Baſnage. 15 vol. Hage 1716. en veau.*
23 *Monarchie des Hebreux, par St. Philippe. 4 vol.*
24 W. Cave eerſte Chriſtendom. Uyt. 1734. met plaat. fr band.
25 *Verité de la Religion Reformée. 2 vol. Rott. 1718. en veau.*
26 ——— *de la Religion Chretienne, par Abadie. 3 vol. ibid. 1711. en veau.*
27 *Traité de la Religion Revelée, par Martin. 2 vol. 1723.*
28 *Defenſe de la Religion Reformée par des vœux, 2 vol. Amſt. 1736. en veau.*
29 *Defenſe du Chriſtianiſme contre un Ouvrage, Lettres ſur la Religion Eſſentielle à l'Homme, par Fr. de Roches. 2 vol. Lauſ. 1 40. en veau.*
30 *Claude defence de la Reformation. 2 vol. Leov. 1745. en veau.*
31 *La Religion Proteſtante une voye Sure au Salut par Chellingworth. 3 vol. Amſt. 1730*
32 *Hiſtoire de l'Egliſe, par Godeau. 6 vol. 1680.*
33 Pictet Godsdienſten der Werelt. Delft 1719. in root Turks leer vol verguit.
34 ——— Godvrugtige Samenſpraken. Delft 1726. fr band.
35 Gedelyken onverbalſte Melk / door Molenaar. Amſt. 1725. fr band.
36 *Traité de la Religion Chretienne, par Grotius. Amſt. 1728. en veau.*
37 *Nouveau Recueil des Sermons, par le Maitre. Uyt. 1741.*

38 *Sermons de Basnage. 2 vol. en veau.*

39 ——————— *de Saurin. 5 vol. en veau.*

40 ——————— ——————— *tom. 8. 9 & 10.*

41 *Nouveaux Sermons de Saurin 2 vol. en veau.*

42 *Theologie des Insectes. 2 vol. par Lesser. Haye 1742. en veau.*

43 ——————— *Physique ou Demonstration de l'Existence de Dieu, par Derbam. 2 vol. Rott, 1730.*

44 ——————— *Astronomique du Même. Paris 1729.*

45 ——————— *de l'Eau, par Fabricius. Haye 1741. en veau.*

46 *Paraphrase Evangelique, par le Noir. en veau.*

47 R. Æmilius Guide Fidèle. Leyde 1716.

48 ——————— Ligt der Waarheyd met de Bladwyser. 6 deelen. fr. banden.

49 *Pensées Libres sur la Religion. 2 vol. Haye 1722. en veau.*

50 *De l'Excellence de la Religion, par Bernard. 2 vol. 1714. en veau.*

51 Hondius Swart Register van duisend Sonden.

52 ——————— Kleyne Print-Bybel met de Opdragt. fr. band.

53 Baumcester bewys dat de vereeniging der Gerefoz-meerde met de Luytersche Strydig is. 1722.

54 *Bonnes & Saintes Pensées, par Alex.*

55 *Malette de David.*

56 *Traité de la Repentance Tardive, par Bernard.*

57 Verhandeling van J. la Placette, over de Onge-neeslyke Twyfelingen der Roomsche Kerke met een Voorreeden van J.. v. d. Honert. 1738.

58 De Republik der Hebreen, door Cuneus. 4 deelen met platen.

59 Kerk-Zeeden der Jooden. met platen.

60 Zeeden der Israëlten. met platen.

61 Christelyke Brieven door Huygens.

62 Nietigheyd van 't Rooms Geloof, door M. Pool. 1734.

63 Waarheyd van den Christelyken Godsdienst uyt de Schriften des Ouden Testaments, door Ashley Spyes. Haarlem 1730.

64 Sacro Sanctum Concilium Tridentinum Interpretum J. Gallemart & Citationibus J. Socelli cum Indic. Remissionum & Librorum Prohibitorum. Col. 1722.

65 *L'Histoire des Religions de tous les Royaumes du Monde, par Jovet. Paris 4 vol. en veau.*

66 *Lettres & Memoires de Vergas touchant le Concile de Trente, par Vassor.*

67 *Lettres Anecdotes & Memoires Historiques du Nonce Visconti Ministre au Concile de Trente. 2 vol. Amst. 1719. en veau.*

68 *Defense de la Religion tant Naturelle que Revelée, par Burnet. 6 vol. Haye 1740.*

69 *De l'Incredulité, par le Clerc. Amst. 1733.*

70 *La Communion Sainte, par Basnage. 1716.*

71 Groote Heyldag der Christenheyd, Hage 1733.

72 Alle de Werken van A. Baker. 1670.

73 Busschers Opwekking van Deerland.

74 J. v. den Honert Kort Begrip der Christelyke Religie. Leyde 1742.

75 ——— ——— over de Transubstantiatie. Leyde 1738.

76 ——— ——— Antwoord op Zeelander / over de Transubstantiatie. 2 deelen. ibid. 1730.

77 ——— ——— Wegwyser naar Gods Heyligdom. ibid. 1759.

78 Vaste Gronden van het Catholyk Geloove, door Zeelander. Gent 1740.

79 Supverlyk Catholyk Boekje, door Brabander.

80 *L'Honneur qui doit être rendu à la Ste Vierge, par Drelincourt. en veau.*

81 T. H. v. den Honert Christus Afkomst uyt David. Amst. 1702.

82 ——— ——— Christus Hoge Priesterschap. ibid. 1712. fr. band.

83 ——— ——— Waaragtige Weegen. Dort 1695. fr. band.

84 ——— ——— Messias Verheerlykt. 1714. fr. band.

85 *Cathecbisme de Heydelberg. Delft* 1700.
86 *Morale de l'Evangile, par Lucas. en veau.*
87 Kort Begryp der Geformatie van Engeland, door Barnet 2 deelen 1689.
88 *Lettres sur la Religion, par Chaufepié*
89 *Lettres de Mr. de la Chapelle à un Lutherien. 2 vol. Amst.* 1736.
90 Gronden des Christendoms. Amst. 1730.
91 Schole der Jongelingen Hage 1736.
92 Grondvestingen van de Kristelyke Kerke. Amst. 1714.
93 Magt der Duisternisse. ibid. 1711.
94 Spiegel der Goddelyke Voorsienigheyd. ibid. 1709.
95 *Alcoran de Mahomet, par du Ryer.*
96 Historie der Bedriegeryen der Priesteren en Monniken, door Gavin. 3 deelen met platen.
97 Leven van Spinofa, door Bayle fr. band
98 *Passe-par-tout de l'Eglise Romaine. 3 vol. Lond.* 1726. *en veau.*
99 *Paralelle de la Doctrine des Payens avec celle des Jefuites. en veau.*
100 *Anatomie de la Messe, par du Moulin.*
101 Den Roomschen Uylenspiegel Door 1671.
102 Byenkorf der Roomsche Kerk, door St. Aldegonde.
103 Almanaks Heyligen Amst. 1717.
104 *Lettres Provinciales de Montalte, 2 vol.* 1700. *en veau.*
105 *Apologie des Lettres Provinciales de Montalte. 2 tom. 1 vol. Delf* 1700. *en veau.*
106 *L'Advocat du Diable ou Memoires Hiftoriques & Critiques fur la Vie & fur la Legende du Pape Gregoire VII. 3 vol. à St. Pourceau* 1747.
107 *Sermons fur les Chapitres* 9. 10. & 11. *de l'Epitre de St. Paul aux Romains, par Breuker. 3 vol. Hamb.* 1735.
108 *Reponse aux Queftions d'un Provincial, par Bayle. 5 vol.*

109 𝕳𝖎𝖘𝖙𝖔𝖗𝖎𝖊 𝖛𝖆𝖓 't 𝕷𝖊𝖇𝖊𝖓 𝕵. 𝕮𝖍𝖗𝖎𝖘𝖙𝖎 𝖉𝖔𝖔𝖗 𝕬. 𝕮𝖆𝖑𝖒𝖊𝖙 met 62 platen Amſt. 1741.

110 *Meditations pour les Dimanches , Feſtes & Prieres, par la Buſe. Bruſ. 1675. avec grand nombre de fig. en veau.*

111 Bourgheſius de Vita , Paſſione & Morte J. — Chriſti. 2 *vol. Antv.* 1622. *avec des belles fig. de Bolswert. en veau.*

112 Haeftenii Regia Via Crucis. Antv. 1635. fig. — lig. gal.

113 A. Sucquet Via Vitæ Æternæ. 2 vol. Antv. 1620. cum fig. Bolswerti lig. gal.

114 J David Paradiſus Sponſi & Sponſæ. 2 vol. ibid. 1618. cum nitid. fig. lig. gal

115 *Perfection du Chrétien , par Lucas. 2 vol. Uytr.* 1740.

116 *Abregé de l'Hiſtoire des Vaudois.* 1691.

117 *Relation de l'Etat de la Religion , par Sandis.* 1641.

118 *Devotion Chrétienne. Genev.* 1644.

119 S. Auguſtini Meditationes.

120 Bona Manuductio ad Cœlum.

121 *Conduite du Ciel , par Bona.*

122 J. Gerhardi Meditationes.

123 *Tableaux de Penitence, par Godeau. fig.*

124 *Oeuvres de Jean d'Eſpagne. 2 vol.*

125 *Pratique de Pieté, par Bayle.*

126 𝕾𝖊𝖗𝖒𝖔𝖊𝖓𝖊𝖓 𝖛𝖆𝖓 𝕭𝖗𝖔𝖊𝖗 𝕮𝖔𝖗𝖓𝖊𝖑𝖎𝖘 𝖛𝖆𝖓 𝕭𝖗𝖚𝖌𝖌𝖊. 2 𝖉𝖊𝖊𝖑𝖊𝖓 1 𝖇𝖆𝖓𝖉. 𝕬𝖒𝖘𝖙. 1714.

127 𝕽𝖔ſſ 'ſ 𝖂𝖊𝖗𝖊𝖑𝖉ſ 𝕲𝖔𝖉ſ𝖉𝖎𝖊𝖓ſ𝖙𝖊𝖓 1663. met pl.

128 *Etat de l'Homme dans le Peché Originel.* 1741.

129 𝖁𝖆𝖓 𝕷𝖊𝖊𝖚𝖜𝖊𝖓 𝖔𝖛𝖊𝖗 𝖉𝖊 𝕾𝖔𝖒𝖊𝖕𝖓𝖊𝖓. 1 𝖉𝖊𝖊𝖑.

130 𝕾𝖍𝖊𝖗𝖑𝖔𝖐 𝖔𝖛𝖊𝖗 𝖉𝖊 𝕯𝖔𝖔𝖉

131 *Methode d'expliquer l'Ecriture des Cocceiens & Voetiens.*

132 Vechovius 𝕳𝖆𝖓𝖉𝖑𝖊𝖎𝖉𝖎𝖓𝖌 tot het 𝕳. 𝕹𝖆𝖌𝖙𝖒𝖆𝖆𝖑. 𝕮𝖎𝖊𝖑 1699.

133 Spanhemi Hiſtoria Jobi.

134 *Explication du Catechiſme de l'Egliſe Anglicane, par Clarke.* 1737.

135 *Sermons de Chatelain.* 4 *tomes* 2 *vol. Amst* 1745. *en veau.*

136 De laatſte Sermoon M. Lutheri op den 17 Ja-
nuary. 1546.

137 Diſſertationes Exgeticæ in ſelecta Scripturæ
Oracula, aut. J Henninges. Francof. 1712. l. g.

138 J. Zach. Hilligeri Rhetorica Eccleſiaſtica.
Witt. 1729.

139 Relectiones Hyemales de Ratione & Methodo
Legendi. Item Bartholinus de libris legendis.
Hagæ 1711.

140 D. Joan Fechtii Compendium Univerſæ Theologiæ. Lipſ. 1744.

141 Verandwoozdinge voo3 den Hollandſchen Chzisten.
Amſt. 1610. fr. band.

142 S. Mareſius Theologiſch Oozdeel over de Up-
tregtſche Canonicken. 1657. fr. band.

143 Saldenus weg des Levens en dzoevige ſtaat eens
Chzistens.

Juridici in Octavo.

144 S. van Leeuwen Praktyk der Notariſſen.
Amſt. 1670.

145 ——— ——— Manier van Pzocedeeren voo3
Steeden en platte Landen. Amſt. 1721.

146 ——— ——— Pzoces Crimineel. Leyden 1677.

147 J. Jonktys van de Pynbank.

148 P. van der Schelling Hollands Tiend-Regt. Amſt.
1727. 2 deelen fr. band.

149 Regt van 3yn Hoogheyd over Veer en Vliſſingen.
Franequer 1733. fr. band.

150 Heerſchappye van de Kupp Konſt om in Staat van
Regering te komen. Uptr. 1657.

151 Kort vertoog van de Staat der Regtspleegingen onder de Graven. Leyden 1741.

152 Politike Diſcourſen. Amſt. 1662. fr. band. dis.

153 De Stadhouderlyke Regeringe in Holland. ibid.
1662.

1662. Item Hollands Opkomst, Leyden 1662.
france band.

154 Confideratien van Staat of Politique Weegschaal.
Amst. 1662. fr. band. bis.

155 Hiftorie der Gravelyke Regering. Item Intreft
van Holland. ibid. 1662. fr. band.

156 Den Herftelden Prins. ibid. 1663. Item den Kla-
gende Veenboer. Hage 1662. Item Æfopus De-
fenfor. Hage 1662. fr. band.

157 Begin en voortgang der vrye Erfgravelyke Be-
dieningen. Amst. 1683. fr. band.

158 De Gulde Legende van de Stadhouders. ibid.
1663. fr. band.

159 Apologie ofte Verantwoordinge der Stadhouderlyke Regeering. ibid. 1663. fr. band.

160 Public Gebedt. Hage 1707. 3 deelen in een fr. band.
bis. 1fte en 2de deel fr. band.

161 Confideratien over 't publiek Gebed. Amst. 1663.

162 ——————— en Exempelen van Staat. ibid. 1660.

163 Regtt Heylfame Polityke en Kerkelyke Maximes.
Uptr. 1674. fr. band.

164 De Herftelden Prins. Amst. 1663. Item Apologie der Stadhouderlyke Regering. ibid. 1663.

165 Een feer frape Collectie van Politique als andere
Tractaten / meeft van deefen tyd in 23 banden
ingebonden.

166 Van Loon Befchryving der aloude Regering-Wyfe.
Leyden 1744. 4 deelen.

167 Grotius de Mari Libero. Amft. 1633.

168 G. *Pitaval Caufes Celebres. Haye* 1735. 10 *vol.*
6 *en veau & 4 coufus.*

169 *J. Barbyrac Traité du Juge Competent des Ambaf——* 12
fadeurs. Haye 1723.

170 *Les Devoirs de l'Homme & du Citoyen par Puffendorf.* 2 *tom.* 1 *vol. Amft.* 1735.

171 *Lettres & Memoires de la prefente Guerre. Haye* 1711.
en veau.

172 *Memoires de Bellievre & de Silleri. ibid.* 1696. 2 *tom.*
1 *vol.*

I 3

173

173 *Essai sur le Gouvernement Civil. Londres* 1722.
174 *Histoire de la Ligue de Cambray. Paris* 1719. 2 *vol.*
175 *Lettres, Memoires & Negotiations du Comte l'Estrades. Lond.* 1743. 9 *vol. bis Haye* 1719. 5 *vol. en veau.*
176 *Memoires du Comte de Guiche. Lond.* 1744.
177 *Traité des Benefices de Fra Paolo Sarpi.*
178 *Recueil General du Procès de Cadière & Pere Girard.* 8 *vol.* 1731.
179 *Hanidocsi Exercitationes Imperiales.*
180 Popma de Differentiis Verborum.
181 Juftiniani Inftitutiones per A. Vinnium. 1730.
182 *Lettres & Negociations de Mr. Jean de Witt, Penfionaire d'Hollande.* 5 *vol. Amft.* 1725.
183 Primæ Lineæ ufus Practici Diftinctionum Feudalium à C. Henr. Mollero. Roft. 1744.
184 J. G. Heineccius in S. Puffendorfii de Officio Hominis & Civis Libros II. Berol. 1742.
185 Fr. Balduini de Jure Novo Commentarii. 1596.
186 De Repudiis & Divortiis ex Th. Beza, item de Polygamia 1651.
187 J. Schilteri Inftitutiones Juris Feudalis Germanici & Longobardici cum obferv. Joh: Got. Heineccii. Berol. 1750.
188 De Origine & Progreffu Juris Civilis Romani aut. L. Leuwio. L. B. 1672.
189 Alb. Gentilis Hifpanicæ Advocationes.
190 B. Schotani Examen Juridicum. 1702. l. g.
191 Jonktps van de Pynbank
192 *Apologie pour la Maifon de Naffau Contre le* Stadhouderlyke Regering. 1664.
193 *Procès Contre les Jefuites. Breft.* 1750.

Medici, Philofophici, Mathematici &c. in Octavo.

194 **A**Natomie du Corps Humain avec des Remarque par *J. Palfin.* 2 *vol. Paris* 1726. *fig. en veau.*

195 J. Palfin ontledinging van 's Menschen Lighaam. Leyde 1733. met plate fr. bt

196 ——— van de Beenderen. Gend. 1702. met plate fr. bt.

197 Alle de Werken van Reg. de Graaf. Amst. 1685. met plate fr. bt

198 N. Tulpii Obſervationes Medicæ. fig.

199 Medecyn-Boek der Armen. 1743.

200 *Traité de la Communication des Maladies & des Paſ-ſions. Haye 1738.*

201 De Haan de Deglutitione. Hagæ 1750. lig. gal.

202 ——— de Colica Pictonum. ibid. 1750.

203 Sydenham om Siektens te Genesen Amst 1746.

204 *Guide des Accoucheurs, par Meſnard, Paris 1743. en veau.*

205 *L'Anatomie du Corps de l'Homme par Nogues. Paris 1726. en veau.*

206 *Explication Mechanique des Fonctions de l'Ame par l'Amy. Paris 1687.*

207 Beschryving der Kleine Wereld. Hage 1728. met plate fr. band.

208 *Traité de la Percuſſion ou Chocq des Corps par Ma-riotte. Paris 1684. en veau.*

209 *Plazzonus de Partibus Generationis.*

210 Blankaart Nieuw-Ligt der Apothekers. Amst. 1683 fr. bt.

211 Hippocratis Coi Aphoriſmi Gr. Lat. Lugd.B. 1633.

212 Oſv. Crolli Baſilica Chymica, Genev. 1631.

213 *Tableau de l'Amour Conjugal ou la Generation de l'Homme, par N Venette. 2 vol. 1745. fig.*

214 Theatrum Chimicum. 6 tom. 5 vol. Arg. 1661.

215 *Traité de la Nature de l'Homme par Tymogue. Haye 1727.*

216 *Oeuvres d'Hippocrate avec des Remarques. 2 vol. Paris 1697. en veau.*

217 *Nouveau Syſteme du Microcoſme, Haye 1727. fig.*

218 *Hiſtoire des Plantes qui naiſſent aux Environs de Paris, par Fabregou. 6 vol. Paris 1740.*

219 *Jardinier Fleuriste par Liger. 2 tom. 1 vol. Amst. 1706. fig. en veau.*

220 *Histoire des Plantes de l'Europe par Bauhin. 2 vol. Lyon 1689. en veau.*

221 *Recherches & Observations Naturelles par Boccone. Amst. 1674. fig.*

222 Natuurkundige Naspeuringen van den Groep der Planten en versteende Lighamen / door Bacon. Hage 1745. met platen.

223 J. Clerici Opera Philosophica. 4 vol. Amst. 1710. lig. gal.

224 *La Consolation Philosophique de Boëce, avec la Vie de l'Auteur & des Remarques Hist. & Critiques. 2 vol. Berlin 1744.*

225 *Elemens de Philosophie de Newton, par Voltaire. Amst. 1738.*

226 Polydorus Virgilius de Rerum inventoribus & de Prodigiis. L. B. 1644.

227 Beschrijving van het Microscoop / door Baker. Amst. 1744. met platen.

228 *Histoire de la Philosophie Hermetique. 3 vol. Paris.*

229 *Le Cours de Physique, par Nollet. 2 vol. Amst. 1745.*

230 *La Demonomanie des Sorciers, par Bodin. Anvers 1593.*

231 *La Philosophie du Bons-Sens, par le Marquis d'Argens. Lond. 1737.*

232 Philosophische Lessen / door Desaguliers. Amst. 1732.

233 De Miraculis Occultis Naturæ A. L. Lemnio. Francof. 1604.

234 Duyn Historische Aanmerkinge over Strenge Winters. Haarlem 1746.

235 ——— Natuur- en Sterre-Kunde. ibid. 1746.

236 Philosophische Onderwyser der Natuur-Kunde. Amst. 1737.

237 *Systeme du Monde. Paris 1671. en veau.*

238 *Essais de Physique, par Perrault, 4 vol. Paris 1688. en veau.*

239 *Oeuvres de Fontenelle. 3 vol. en veau.*

240 Maximi Tyrii Sermones Cosmi Pacci Interpretatione. Gr. & Lat. Paris 1557. apud H. Stephanum.

241 *Traitez de Physique, par Deslandes.* 1736.

242 *Philosophe Nouvelliste, par Steele.* 2 *vol. Amst.* 1735. *en veau*

243 *Entretiens Physiques d'Ariste & d'Eudoxe, par Regnault.* 4 *vol. Amst.* 1732. *en veau.*

244 De Secreeten van Alexi Piemontois. Amst. 1614.

245 Kabinet der Natuurlijke Historien en Weetenschappen / Konsten en Handwerken. 8 deelen. ibid. 1719. gr. pap. fr. banden.

246 *Crouzaz Traité du Beau. ibid.* 1715. *en veau.*

247 ——— *Reflexions sur l'Utilité des Mathematique. ibid.* 1715. *en veau.*

248 ——— *La Logique.* 3 *vol. ibid.* 1720. *en veau.*

249 ——— *Education des Enfans.* 2 *vol. Haye* 1722. *en veau.*

250 ——— *Geometrie des Lignes.* 2 *vol. Amst.* 1718. *en veau.*

251 ——— *Observations Critiques sur la Logique de Mr. Wolf.*

252 *Oeuvres de Platon avec des Remarques.* 2 *vol. Paris* 1699. *en veau*

253 *Essais d'une Philosophie Naturelle. Paris* 1724. *en veau.*

254 *Histoire Naturelle de l'Univers, par Colonne.* 4 *vol. ibid.* 1734.

255 *Philosophical Letters between Ray and his Correspondents. Lond.* 1718. *eng. bt.*

256 *Le Moyen de devenir riche, par Palissy. Paris* 1636. *velin.*

257 A. Deusingii Dissert. Selectæ. Gron. 1660. hoorne band.

258 Jonstoni Thaumatographia Naturalis. Amst. 1632. h b.

259 Bartholini de Unicornu Observationes Novæ. 1678. h. b.

260 Gründlicher Unterricht von Wartunge der Bienen. Görl. 1644. Item, ein Büchlein van den Jhmen / durch N. Picum. Strasb.

261 J. J. Reimbold von Heuschrecken. Berlin Beschreib. der Raupen, Maden &c. 1731.

262 Curieuse Nachricht von den Wantzen. Hamb. 1737.

263 Lutzen Ophiographia / das ist / Schlangen-Beschreibung Augsp. 1570.

264 J. B. Spuntoni Conechidnologia, h. e. Pulveris Viperini Difcurfus. Papiæ 1643. Item Harderus de Natura Humorum &c. Item Paullini an mors naturalis fubftantia verminofa. Francof. 1703. h. b.

265 J. Linder de Venenis. L. B. 1708.

266 M. Friccii Paradoxa de Venenis. Aug. Vind. 1710. h. b.

267 Hartung de Halicum efu ac ufu. Lipf. 1615. rar

268 M. Schoockius de Ovo & Pullo. Ultraj. 1658.

269 *Reflexions fur la Maladie du gros Bétail &c.* Genev. 1716.

270 Seberi Sancti de Mortibus Boum Carmen. L. Bat. 1717. h. b.

271 *A Differtation Concerning Mifletoe, by Colbatch.* Lond.

272 Cohaufen Diff. Satyrica de Pica Nafi &c. Amft. 1716. Ejufd. Raptus Ecftaticus. ibid. 1716. hoorne band.

273 J. Freitag de Opii Natura, & alia. Gron. 1632, hoorne band.

274 J. Hartmann de Opio. Witt. 1635. h. b.

275 G. Brunacius de Cina Cina. Venet. 1661.

276 J. Francus de Herba Alleluja. Ulm 709.

277 Mollenbroccius de Cochleana. Lipf 1674.

278 *A fure Method of improving States, by Langley.* Lond. 1728. b. b.

279 *The Practical Fruit-Gardener by S. Switzer.* ibid. 173 . b. b.

280 ———— *Kitchen-Gardener by the Same.* ibid 1727. eng. b.

281 *De la Nature, vertu & utilité des Plantes, par de la Broffe. Paris* 1628. *velin.*

281 *Anatomie des Plantes par Neh. Grew &c. avec un Recueil d'Experiences & Obfervations de Grew & Boyle. Leide 1685. en veau.*

283 *Methode pour bien Cultiver les Arbres à fruit, par de la Riviere & du Moulin. Utr. 1738. en veau.*

284 *Remarques pour la Culture des Fleurs, par Morin. Paris 1678. en velin.*

285 K. Digby de Plantarum Vegetatione, Amft. 1663.

286 Parnaffus Hoꝛtenſiſ obeꝛ Polkomene Garten-Schul. Magd. 1739.

287 Gedancken uber daſ Reich der Blumen. Dreſd. 1740 h. b.

288 El. Steuchius de Nutritione Arborum. Upfal 1722.

289 J. M. Ciaſſi de natura Plantarum, & alia ejufd. Venet 1687. h. b.

290 P. Magnol Botanicum Monfpelienfe. Monfp. 1688. lig. gal.

291 C. Linnæi Flora Lapponica. Amft. 1737. hoorne band.

292 ——— Genera Plantarum. L. B. 1737.

293 *Le Bains de Bourbon, par Auberi. Paris 1604. en velin.*

294 *Du Clos fur les eaux Minerales de France. ibid. 1675 velin.*

295 *Chrouet des eaux Minerales. Liege 1720.*

296 *Hydrologia Chymica; or, the Chymical Anatomy of the Scarborough &c. by W. Simfon. Lond. 1669. hoorn band.*

297 *De' Bagni di Lucca Tratt. di G, Duccini Luc.* 1711. b. b.

298 *Delle Fontane acque di Ritorbio, del T. Guainerio. Lione 1577. b. b.*

299 *Moulin de Marguery des eaux Menerales de Paſſy. Paris 1723. en veau.*

300 Ab Heers Spadacrene, h. e. Fons Spadanus &c. Lugd. B. 1685. F. Blondel de Thermis Aquifgranenfibus. Traj. 1685. h. b.

301 Prizimelica de Balneis Metallicis. Norimb. 1679.

 Item

Item Difceptatio de Lap. Philof. cum Tumba Semiramidis 1678

302 J. L. Hechtel Acidulæ Stebenfes. Hof 1722.

303 Th. Jordanus de aquis Mineralibus Moraviæ. Francof. 1686.

304 𝕲𝖔𝖊𝖗𝖎𝖙𝖟 𝖛𝖔𝖓 𝖉𝖊𝖓 𝕭𝖔𝖍𝖒𝖎𝖘𝖈𝖍𝖊𝖓 𝕭𝖎𝖙𝖙𝖊𝖗-𝖂𝖆𝖘𝖘𝖊𝖗. 𝕽𝖊𝖌𝖊𝖓𝖘𝖕. 1727.

305 Redecker de Bilfeldiano fonte. Amft. 1668.

306 Minardus de Balneis Calderii. Venet. 1689.

307 Stoecklinus de Fabarianis Thermis. Diling. 1631. h. b.

308 *Les vertus des Eaux Minerales de Baigneres & Bareges, par J. Moulaus. à Tarbe 1718. h. b.*

309 H. J. Rega de aquis Mineralibus fontis Marimontenfis. Lovan. 1740.

310 P. Herilacus de aquarnm Natura & Facult. 1591. lig. gal.

311 C. S. Wolffen Aureus fons Radebergenfis. Drefd. 1737.

312 *The Natural Hiftory of Chalybeat and Purging Waters of England, by B. Allen. Lond. 1698. fr. bind.*

313 *J. Pafcal des Eaux de Bourbon l'Archambaud. Paris 1699. en velin.*

314 *C. Fouet des Bains & Eaux Minerales de Vichy en Bourbon. ibid. 1679. en veau.*

315 *E. Neffel des Eaux de Spa. 1699. en veau.*

316 *J. du Val des Fontaines Medicinales aux environs de Rouen. Rouen 1603. velin.*

317 Givrii Arcanum Acidularum. Amft. 1681.

318 J. Schryeri Trinum Fluidum Magnum. 1687.

319 *L'Ufage de la Glace, de la Neige & du Froid, par Barra. Lyon 1675. velin.*

320 D. Gulielmini de Salibus. Lugd. Bat. 1707. hoorne b,

321 P. Snellen de Salis Communis Triumviratu. Amft. 1714.

322 Glauberus de Natura Salium. Amft. 1659. hoorne b.

323 Carl Lapis Lydius ad Offinm Foffilium Doci-
mafiam. Fraucof. 1704.

324 Reiskius de Gloffopetris. Norimb. 1687.

325 Camilli Leonardi Speculum Lapidum & Sym-
pathia VII. Metallorum Petri Arlenfis de Scu-
dalupis. Paris 1610. rar. h. b.

326 J. H. Degnerus de Turfis. Traj. 1729.

327 *Traité de l'Aiman, par M. D. Amft. 1687. avec
fig. en veau.*

328 Vinc. de Carellis de auri Effentia. Venet.
1646.

329 Salæ de Auro Potabili Proceffus. Arg. 1630.

330 Tilemanni Experimenta circa Auri folutiones.
Hamb. 1673.

331 Kerkringi Comment. in Bafilii Valentini cur-
rum triumphalem Antimonii. Amft. 1685.

332 Fr. Antonii Panacea aurea. Hamb. 1618. Item
Freitagii Medicina Animæ. h. b.

333 *Lemery Traité de l'Antimoine. Paris 1707. en veau.*

334 Tillingii Cinnabaris Mineralis. Fft. 1681.

335 G. Schulzii Scrutinium Cinnabarinum. Hal
1680.

336 Schuttei Oryctographia Jenenfis. Lipf. 1710.

337 W van Laer Wegwyzer voor Goud- en Silver-
Smeeden. Amft 1721 h. b.

338 Kieffling von Mineralien und Ertzten. Dresd.
1741.

339 Zipffelfs Theoria Metallica. ibid. 1678.

340 *Traité de l'Art Metallique, par Barba. Paris 1730.*

341 J. Morefinus de Metallorum caufis & Trans-
fubftantiatione. Francof. 1593.

342 P. Dubé de Mineralium Natura. Paris 1649.
hoorne b.

343 *Tworth of the Chymical Art. Lond. 1692. eng. b.*

344 Kunckels Laboratorium Chymicum. Hamb.
1722. Item Fünf curieufe Chymifche Tractatlein.
Franckf 1721. h b.

345 Blancarts neue Scheidekunft oder Chymia. Han-
nov. 1708. h b.

346 C. Lancilots Brennender Salamander. Lub. 1697. h. b.

* 346 F. Zobelii Tartaralogia Spagyrica. Jen. 1676. hoorne band.

347 Balduini Aurum Superius & inferius. 1675.

348 J. J. Becheri Oedipus Chymicus. Francof. 1705. lig. gal.

349 *Traite de la Chymie, par N. le Fevre. Paris 1669. 2 vol. en veau.*

350 ———— *Chymie par Malouin ibid.* 1734.

351 J. Barneri Chymia Philofophica. Norib. 1689. hoorne b.

352 J. Tollii Fortuita Amft. 1687.

353 G. de Rupefciffa de Q. Effentia rerum omnium. A. de Villa nova de Sanguinis Humani deftillatione. Item Lullii Ars Operativa, & M. Savonarola de Aqua Vitæ. Bafil. 1561. rar.

354 L. de Comitibus de Liquore Alcaheft. Fft. 1664.

355 *Traité des Liqueurs, Efprits ou Effences, par du Vergcr. Louain 1728. en veau.*

356 *L. Catelan des Eaux Diftillées Rouen 1630.*

357 J. S. Elsholtii Deftillatoria Curiofa; Item Utis Udenii & Rolfincii Non-Entia Chymica. Berol. 1674. Aurum auræ &c. Colon. 1674. lig. gal.

358 J. Beguini Tyrocinium Chymicum cum Comm. G. Blafii. Amft. 1669. lig. gal.

359 C. de Maets Prodromus Chemiæ Rationalis. L. B. 1684. h. b.

360 J. Hartmanni Praxis Chymiatrica; & Jo. Ernefti Tract. de Oleis &c Fft 1614. h. b.

361 J. Bohn Differtationes Chymico-Phyficæ. Lipf. 1696. h. b

362 *Lemery Cours de Chymie. Leyde 1716. en veau.*

363 *A Courfe of Lectures upon the Materia Medica, by Bradley. Lond. 1730. h. b.*

364 G. Phædronis Opufcula Jatrico-Chemica quatuor. Fft 1611. Item Paracelfia H. Schennemanni ibid. 1610. Beffonus de extrahendis
oleis

oleis & aquis. Tig. 1559. G. Dornei Dictionarium Paracelfi Fft. 1683. rar.

365 Johnfoni Lexicon Chymicum. Lond. 1657. hoorne b.

366 J. S. Carl§ von Chymifcher Storgerey. Fft. 1733.

367 P de Vege Pax Methodicorum cum Spagyricis; & Gefneri Thefaurus Euonymi de remediis Secretis. Lugd. 1620. h. b.

368 D. Sennertus de Chymicorum cum Ariftotelicis confenfu &c. Witt. 1619. h. b.

369 Thomfoni Epilogifmi Chymici. Lugd. Bat. 1673. h. b.

370 Langelottus de quibufdam in Chymia prætermiffis. Hamb. 1672.

371 Helvetii Vitulus Aureus. Amft. 1676.

372 Magni Philifophorum Arcani Revelator; & alia Alchymica. Genev. 1688.

373 Gebri fumma Perfectionis Magifterii. Ged 1682. optima editio rar.

374 Nollii Naturæ Sanctuarium. Fft 1619. h. b.

375 Glauberi Profperitas Germaniæ; Item Confolatio Navigantium; de Medicina Univerfali; de Natura & Signatura Salium &c. Amft. 1657. hoorne b.

376 ————— Furni Philofophici. ibid. 1658. de auri tinctura; Item opus Minerale. ibid. hoorne band.

377 ————— Pharmacopœa Spagyrica. Amft. 1654. &c. Miraculum mundi five Menftruum Univerfale· ibid. Defcriptio Tartari. Apologia contra Farnerum. ibid. h. b.

378 ————— Miraculi mundi Pars altera. Amft. 1660. Pharmacopeæ Spagyricæ pars 4. & 5. Item Arca thefauri Opulenti; & libellus Dialogorum. ibid. h. b.

379 ————— Opus Minerale. ibid. 1651. & Vigani Medulla Chymiæ. Lond. 1685. h b.

380 C. F. Paullini de Theriaca cœlefti. Francof. 1701. h. b.

381 Weckeri de Secretis Libri XVI. Baf. 1629. hoorne band.

382 *Le Parfumeur François. Amft.*

383 G. *Arbuth not upon the Nature of Aliments. Lond.* 1735. *lig. gal.*

384 J. S. Carls von der Diet Ordnung. Fft 1713. h. b.

385 Eob. Heffus de tuenda bona Valetudine Accefferunt & alia lectu non indigna. Francof. 1571. hoorne b. rar.

386 R. Minderers Medicina Militaris. Nurnb. hoorne band rar.

387 J. Cornarius de Pefte. Bafil. 1526.

388 P. Ulftadius de Epidemia. ibid. 1526.

389 W. Pithopœi Vincetoxicum. Hamb. 1674.

390 P. Salius Diverfus de febre Peftilenti. Fft 1586. hoorne b.

391 C. de la Font de Veneno Peftilenti. Amft. 1671. Item Th. Willis de Affection. Hyfter. Lugd. Bat. 1671. h. b.

392 P. Paaw de Pefte. ibid. 1636.

393 M. Rulandus de lue Ungarica. Francof. 1600.

1—4 394 E. H. Henckelius de Energumenis. ibid. 1689. Item de Philtris. ibid. 1690. h. b.

395 Barbette Chirurgia, & de Pefte. Amft. 1693. hoorne band.

396 *Hiftoire des Infectes, par Goedart. 3 vol. Amft.* 1700. *avec fig. enluminées en veau*

397 *Traité d'Optique, par Newton. 2 tom. I vol. Amft.* 1720. *eu veau.*

398 *Hiftoire Critique de la Philofophie 3 vol. Amft.* 1747.

399 *Traité des Mouches à Miel. ibid. 1699 en veau.*

400 *Parfaite Connoiffance des Chevaux. Paris 1712. fig. en veau.*

401 *Les Vrais Principes de la Cavalerie par Saunier. Amft.* 1749.

402 Cierlyke Voorfnpder. fr. band.

403 Natuurlyk Tooverboek.

404 *Nouvelle Inftruction pour les Confitures. 3 vol. Amft.* 1734.

405 *Curiofitez de la Nature, par Vallemont.* 2 *vol.* Bruf. 1724.

406 *Recueil des Secrets & Curiofitez, par Lemery.* 2 *vol.* Amft. 1709. *en veau.*

407 *Le Menage Univerfel des Champs, par Ferriere.* Bruf. 1733.

408 *Meibode pour bien cultiver les Arbres à fruits, par du Moulin.* Uytr. 1739

409 Verhandeling over de Barometers / met pl.

410 *L'Efpine* Intreft Boek

411 ———— Koophandel van Amfterdam 2 deelen. Amft. 1714. fr. b

412 *Traité de toutes les Mathematiques, par Neuveglife.* 2 *vol.* Trevoux 1700. *fig. en veau.*

413 *Cofmographee Aifée. Paris* 1681. *en veau.*

414 *Clerc Syfteme de la Vifion. ibid.* 1712 *en veau.*

415 ———— *Syfteme du Monde. ibid.* 1706. *en veau.*

416 *L'Epie* Onderfoek over de gefteldheyd van Holland wegens deffelfs Rivieren &c. Amft. 1734.

417 Euclides door Marius. ibid. 1704.

418 *Les Arts de l'Homme d'épée, par Quillet.* 3 *vol.* Paris 1678. *en veau.*

419 *Fonctions du Capitaine de Cavalerie, par de Birac.* Haye 1688. *fig. en veau.*

420 *Mallet Defcription de l'Univers.* 5 *vol. Paris* 1683. *avec grand nombre des fig. en veau.*

421 ———— *Geometrie Pratique.* 4 *vol. ibid.* 1702. *fig. en veau.*

422 ———— *Traveaux de Mars.* 3 *vol. Haye* 1696. *fig. en veau.*

423 *Ozanam Recreations de Mathematique.* 4 *vol.* 1723. *fig. en veau.*

424 ———— *Fortification.* 1694.

425 ———— *Perfpective. Paris* 1711. *en veau.*

426 ———— *L'Ufage du Compas. Haye* 1691.

427 ———— *Cours de Mathematique.* 5 *vol. Paris* 1699. *en veau.*

428 W. Goeree van de Waterverwen, Boukunde en Cykenkonft in een fr. band.

L

429

429 **C**Abinet des Singularitez d'Architecture, Peinture, Sculpture & Graveure, par le Comte 3
vol. Brux. 1702. en veau.

430 Elemens de Pourtraiture; par Igny. Paris fig. en
veau.

431 Tractatus Physiologicus de Pulchritndine Anf.
Ern. Vœnio. Bruf. 1662.

432 Verſcheyde Prentjes Martelifatien.

Antiquarii in Octavo.

433 **I**Mperatorum Romanorum Numiſmata à J. Cæſ.
ad Rudolph. II. par Hulſium. Francof. 1603,

434 Alkemaade van de Begraafniſſe. 1719.

435 ——————— Diſplegtigheden 2 deelen. fr. b.

436 ——————— Van 't Kamp-Gegt 1702

437 Pars Katwylische Oudheden. met platen. 1697.
fr. band.

438 La Science des Medailles. 2 tom. 1 vol. Paris 1715.
en veau.

439 Cluverius van d'Uptloope van de Gyn. 2 deelen.
fr. band.

440 Athenes Ancienne & Nouvelle, & l'Etat Preſent
des Turcs, par Guilletiere. Paris 1674. Item Hiſtoire
des grands Viſirs.

441 Hildebrandi Antiquitates Romanæ. Franeq.
1700. cum fig,

442 A. Morellii Specimen Univerſæ rei Nummariæ
Antiquæ. &c. Lipſ. 1695. h. b.

443 An Inquiry into the State of the ancient Meſures.
Lond. 1721. h. b.

444 Ed. Bernardi de Menſuris & Ponderibus anti-
quis Libri III. Oxon. 1688. h. b.

445 L. G. Gyraldi ſuarum Annotat. Dialogiſmi.
Venet. 1553. h. b

446 Balduinus de Calceo, & Nigronius de Caliga
Veterum. Amſt. 1667. h. b.

447 Salmaſius de Cæſarie Virorum & mulierum
Coma,

Coma. L. B. 1644. J. Pol. à Kerckhoven de
comæ & veftium ufu & abufu. ibid.

448 Th. Bartholinus de Armillis Veterum, & Ol.
Wormius de aureo cornu Danico. Amft. 1676.
Th. Bartholini Antiquitates Veteris Purperii.
ibid. C. Bartholinus de inauribus veterum. ibid.
hoorne band.

449 Jamblichus de Myfteriis Ægyptiorum &c.
Proclus de anima & dæmone, de Sacrificio &
Magia. Porphyrius de Divinis & Dæmonibus.
Pfellus de Dæmonibus. Mercurii Trifmegifti
Pimander & Afclepius. Lugd. 1552. hoorne
b. rar.

450 Aurelius de Cognominibus Deorum. Franeq.
1690. h. b.

451 Alex. ab Alexandro Geniales Dies. Lugd.
1616. h. b.

452 Cragius de Republ. Lacedæmoniorum. L. B.
1670. lig. gal.

453 H. Junii Animadverfa, & de Coma Commen-
tar. Rott. 1708. h. b.

454 J. Lipfi Electorum Liber. Antv. 1580.

455 Dictys Cretenfis de bello Trojano, cum Not.
Var. Argent. 1691. h. b.

456 Herodianus Gr. & Lat. Edinb. 1724. h. b.

457 ———— Ang. Politiani. Paris apud Colinæum.
1539. lig. gal. rar.

458 Thucydides de bello Pelopennefiaco. Francof.
1589. h. b.

459 Arrianus de Expeditione Alexandri M. Amft.
1668. h. b.

Hiftorici in Octavo.

460 Oudheeden en Geftigte van Zupd-Holland en
Schieland. Lepde. 1719.

461 Batavia Sacra, of Kerkelyke Oudheeden. Antw.
1715. 3 deelen.

482 Staats-Spiegel voor de Nederlanden. Hage 1743.

483 Van Leeuwen Beschrpbing van Lepden. Lepden 1672. met platen.

484 Het Nederlands Schouw-Toneel. Aust. 1678.

485 De Kersbloet van den Jaare 1710. door Bogaard. france band.

486 Reisboek door de Nederlanden. Amst. 1700. france band.

487 Van Dam Beschrpbinge der Waterbloeden. Rott. 1682.

488 Amsterdams Eer en opkomen door de Mirakelen. Antw. 1639. met platen van Rubbens. fr. band.

489 S. de Vries Doorlugtige Weerelt. Amst. 1700. 3 deelen groot pap. zeer fraap met koleuren afgeset in fr. banden.

490 N. Machiabel Historie van Florence. Hage 1703. 2 deelen fr. band.

491 Laurenberg ses Hondert Historien. Amst. 1701. fr. band.

492 *Neuville Histoire de Hollande. Amst. 1704. 6 tom 3 vol. en veau.*

493 *Histoire des Comtes de Flandre. Anvers. 1733. en veau.*

494 *——— de Guillaume III. Amst. 1703. 3 vol. avec fig. en veau.*

495 *Memoires du Cardinal Bentivoglio. Paris 1713. 2 vol. en veau.*

496 *Histoire du Monde, par Chevrau. Rott. 1722. 8 vol. en veau.*

497 *Memoires de Philippe de Commines. Bruxell. 1723. 5 vol. en veau.*

498 *Discours sur l'Histoire Universelle, par Bossuet. Amst. 1738. 4 vol.*

499 *Puffendorf Introduction à l'Histoire. ibid. 1732. 7 vol. en veau.*

500 *B. la Martiniere Introduction à l'Histoire. ibid. 1735. 2 vol.*

501 *Memoires du Regne de Pierre le Grand. Haye 1726. 4 vol. en veau.*

502 *Memoires pour Servir à l'Histoire de l'Empire Russien. Haye* 1725. *en veau.*

503 *Histoire de Charles XII. par Voltaire. Amst.* 1732. 2 *tom.* 1 *vol. en veau.*

504 *Rollin Histoire des Egyptiens. Amst.* 1733. 13 *vol.* 9 *en veau &* 4 *cousus.*

505 Historie van Hongersnoode, duure Tyde en Wa-terbloeden.

506 Leeven van den Kardinaal de Richelieu. 2 deelen.

507 Kronyk der Freye Frisen.

508 *Brantome Vies des Hommes, & Dames, illustres grand Capitaines, Dames Galantes, &c.* 15 *vol. Haye* 1730. *en veau.*

509 *Histoire du Clergé Seculier & Regulier des Congregations de Chanoines & des ordres Religieux.* 4 *vol. Amst.* 1716. *fig.*

510 Zeilleri Daniæ, Norwegiæ, Slesvici Holsatiæ, Sueciæ, Gothiæ, Pomeraniæ &c. 2 vol. cum fig. 1656.

511 Tydt-Beschryvinge der Wereld van de Feesten Israels, Nieuwe Maan en Paasch-Tyden / door D. G. van Nierop. Amst. 1681.

512 Miscellanea Silesiaca Collectore T. Crusio cum Continuatione. 2 vol. Lips. 1722. l. g.

513 *Les Decades de Tite Live, par du Ryer ,* 8 *vol. en veau.*

514 Commentariolus de Statu Confœderatarum Prov. Belgii à P. Merula. Hagæ 1659.

515 *Histoire des Comtes de Hollande & Etat du Gouvernement. Haye* 1664. *en veau.*

516 *Memoires de Mad. de Barnevelt.* 2 *vol. Amst.* 1732.

517 Liber de Antiquitate & Statu Reipublicæ Batavicæ A. H. Grotio & Merula. 1633.

518 *La Vie & les Actions de B. de Gale Eveque de Munster. Leyde* 1681. *fig. en veau.*

519 J. Lydii Belgium Gloriosum. Dort 1668. lig. gal.

520 *Memoires d'Hollande, par Michalet. Paris* 1678.

521 Staatkundige Levensbeschrijving van Cromwel. Amst. 1746.

522 *Bizot Hiftoire Metallique de la Republique de Hollande. Amft. 1688. 3 vol. avec fig. en veau.*

523 *Hiftoire des Empires. Paris 1733. 4 vol. en veau.*

524 *Spon Hiftoire de Geneve 1730. 4 vol. avec fig. en veau.*

525 *Hiftoire Romaine depuis la Fondation de Rome jufqu'à prefent. Paris 1716. 2 vol. en veau.*

526 *La Vie de l'Empereur Charles V. par Leti. Amft. 4 vol. avec fig. en veau.*

527 ——— *de Philippe II. Amft. 1734. 6 vol. en veau.*

528 *La Vie de Philippe d'Orleans. Lond. 1736. 2 vol. en veau.*

529 *L'Hiftoire de la Vie du Pape Sixte. Paris 1698. 2 tom I vol. en veau.*

530 *Hiftoire des Ordres Militaires ou des Chevaliers. Amft. 1725. 4 vol. en veau avec fig. grand papier.*

531 ——— *des ordres Religieux, par Schoonebeck. 2 vol. Amft. 1695. Item Courte Defcription des Ordres des Femmes & filles Religieufes. avec fig. tout fe trouve en un vol. en veau.*

532 ——— *de la Fondation des Ordres Religieux, par Schoonebeck. avec fig. Enluminé. ibid. 1688. grand papier.*

533 ——— *Univerfelle de Diodore de Sicile, par Terraffon. Amft. 1738. 2 vol.*

534 *Journal du Regne de Henri IV. par P. de l'Etoile. Haye 1741. 4 vol.*

535 *L'Hiftoire de la Succeffion de Juliers & de Berg. Amft. 1739*

536 *Methode pour Etudier l'Hiftoire, par Mencken. Lipfig 1714. 2 vol. en veau.*

537 *Hiftoire du Gouvernement de Venife, par Amelot de la Houffaie. Amft. 1695. 3 vol. avec fig.*

538 *Memoires fur les Dernieres Revolutions de la Pologne. Rott. 1710. en veau.*

539 *Hiftoire de la Reformation de la Suiffe, par Ruchat. Geneve 1726. 4 vol. en veau.*

540 *Les Femmes des douze Ceſars, par Servis. Amſt.
1722. eu veau.*
541 *Etat Preſent de la Republique des Provinces-Unies,
par Janiçon. Haye 1729 2 vol. en veau.*
542 *Hiſtoire de Revolutions d'Eſpagne, par le P d'Orleans. ibid. 1734. 4 vol.*
543 *Memoires de la Regence de S. A. R. Duc d'Orleans.
ibid. 1729. 4 vol. en veau.*
544 *Deſcription de la Ville de Paris, par G. Brice, Paris 1713. 3 vol. avec fig. en veau.*
545 *Les Curioſitez de Paris. ibid. 1716. avec fig. en
veau.*
546 *Nouvelle Deſcription de Verſailles & de Marly.
ibid. 1713. 2 vol. avec fig. en veau.*
547 *Abregé Nouveau de l'Hiſtoire Generale des Turcs,
par Vanel. Amſt. 1697. 4 vol. en veau.*
548 *Abregé Chronologique de l'Hiſtoere de France, par Mezeray. ibid. 1673. 6 vol. en veau.*
549 *Hiſtoire du Roy Henry le Grand, par Pere Fixe.
ibid. 1664.*
550 ———— *des Revolutions de Suede. Paris 1695. 2
tom. 1 vol. eu veau.*
551 ———— *des Revolutions de Portugal, par Vertot.
Amſt. 1712. en veau.*
552 *Mercure Portugais ou Relations Politiques de la Fa-
meuſe Revolution d'Etat, Paris 1643.*
553 *Troubles en Portugal en 1667. & 668. en veau.*
554 *Hiſtoire d'Allemagne, par Prade. Paris 1685.
2 vol.*
555 ———— *des Sept Sages, par Larry. Haye. 1734.
2 vol. en veau.*
556 ———— *de l'Academie Françoiſe, par Pelliſſon.
Paris 1730. 2 vol.*
557 *Lettres Hiſtoriques de Monſieur Pelliſſon. ibid. 1729.
3 vol.*
558 *Les Oeuvres de Tacite, par d'Ablancourt. Amſt.
1670. 2 vol.*
559 *Hiſtoire Univerſelle du P. Turſelin. Amſt. 1708.
3 vol.*

560 *Memoires du Marechal de Villars. 3 vol. en veau.*
561 *Methode pour Etudier la Geographie par l'Abbé Langlet. 8 vol. Paris 1741.*
562 *Principes de l'Hiſtoire pour l'Education de la Jeuneſ-ſe, du même. Paris 1737 6 vol.*
563 *Memoires pour ſervir à l'Hiſtoire de Languedoc, par Baſville. Amſt. 1734.*
564 *Hiſtoire & Geographie Ancienne & Moderne par d'Audifret. 3 vol. 1694.*
565 Hiſtoria Angliæ A. Polydoro Virgilio. L. Bat. 1651.
566 *L'Art d'aprendre la Geographie ſans Maitre. Utregt. 1741. en veau.*
567 *Hiſtoria delle Rivolutioni del Regno di Portugallo. 1646. lig. gal.*
568 *Hiſtoire du Monde par Chevreau & Conſiderable-ment Augmenté par Vertot. 8 vol. Rott. 1722.*
569 Ad: Brachelii Hiſtoriæ Noſtri Temporis. 2 vol. fig. Amſt. 1655.
570 *Hiſtoire de la Derniere Guerre de Boheme avec de Plans des Batailles. 3 vol. Francf. 1747*
571 *Hiſtoria della Diſunione del Regno di Portugallo. Amſt. 1647. rib. bt.*
572 Coonneel der Noozdſche Landen dooz Olaus de Groot.
573 *Deſcription de l'Egypte par Maſcrier. 2 vol. Haye 1740. avec fig.*
574 *Memoires pour Servir à l'Hiſtoire du Prince Euge-ne. 2 vol. Haye 1710. en veau.*
575 *Hiſtoire du Prince Ragotzi. Paris 1707. en veau.*
576 *Les Elemens de l'Hiſtoire par Vallemont. Paris 1701. 3 vol. en veau.*
577 Memoires *Hiſtoriques, Politiques, Critiques, &c. par Amelot de la Houſſaye. Amſt. 1722. 2 vol.*
578 *Entretiens ſur les Vies & ſur les Ouvrages des Pein-tres par Filibien. Trevou 1725. 6 vol. en veau.*
579 *Memoires de la Vie du Comte de Grammont. Colog. 1714. en veau.*
580 *Hiſtoire de C. Velleius Paterculus. Paris 1715. en veau.*

M

581

581 *Histoire de Boëce Senateur Romain. Paris* 1715. *en veau.*

582 *Salluste de la Conjuration de Catilina, par d'Orleans. Paris* 1717. *en veau.*

583 *Memoires du Baron de Pollnitz. Amst.* 1734. 3 *vol. en veau.*

584 *Nouveaux Memoires du Baron de Pollnitz. Amst.* 1737. 2 *vol.*

585 *Histoire de Don Quixotte. Amsterd.* 1696. 6 *vol. en veau*

586 *Epitome de l'Histoire Romaine de Florus. Paris* 1656. *en veau.*

587 *Memoires & Reflections de Mr. L. M. D. &c. Amst.* 1734.

588 *Histoire du Monde Sacrée & profane par Schuckford. Leyde* 1738. 2 *vol.*

589 ——————— *de l'Academie Françoise par Olivet. Amst.* 1730.

590 *Explication Historique des Fables par Banier. Paris* 1715. 3 *vol. en veau.*

591 *Memoires & Observations faites par un Voyageur en Angleterre. Haye* 1698. *en veau.*

592 *Cronique des Rois d'Angleterre, par Saddi. Londres* 1743.

593 *Histoire de la Vie de la Reyne Christine de Suede. Stockholm* 1677. *en veau.*

594 ——————— *Amoureuse des Gaules. à Liege.*

595 *Memoires pour Servir à l'Histoire de Hollande, par Aubery. Paris* 1680.

596 Rerum Scoticarum Historia Auctore G. Buchanano. Ultraject. 1668.

597 Thysii Compendium Historiæ Bataviæ. Lugd. Batav. 1685.

598 Belgii Confœderati Respublica. Lugd. Batav. 1630.

599 Puteani Historiæ Belgicæ. Antv. 1636.

600 *Observations upon the united Provinces of the Ne-therlands by Temple. Edinb.* 1747.

601 Republyke der Zeven vrye Vereenigde Nederlanden. Amst. 1652.

602 Verzameling van Autentique Stuckken &c. 1743.
603 Hortenfius oproeren der Wederdoopers. Amst. 1694.
    met platen.
604 Het derde Jubeljaar der Boekdrukkonst door Seiz.
    Haarlem 1740. met platen.
605 Historie van de Zee-Magt van Vrankryk. Hage
    1744.
606 Hubners algemeene Genealogie met het vervolg
    en de Vragen over de Geflagtregifters. Leyden 1722.
    4 deelen.
607 Historie van de Bedriegeryen der Priefters en Mo-
    niken door C. d'Emilliane. Uitregt 1693. fr. bt.
608 Geheym Schriften van Polen. Hage 1700. 2de
    deel fr. bt.
609 *Histoire Univerfelle des Voyages par Bellegarde.*
    Amft. 1708. en veau.
610 ———— *des Avanturiers qui fe font Signalez dans*
    les Indes, par Oexmelin. Paris 1678.
611 *Recueil des Voyages & Progrès de la Compagnie des*
    Indes Orientales des Provinces Unies, 7 vol. Amft.
    1725. fig. en veau.
612 *Journal d'un Voyages au Nord par Oulhier, avec*
    fig. Amft. 1746.
613 *Nouveau Voyage aux Indes avec une Inftruction*
    pour le Commerce, par Luilier.
614 *Voyages des Indes orientales par Rennefort.*
615 *Defcription d'Egypte par Maillet. 2 vol. Haye*
    1740 fig.
616 *Voyages de Glantzby dans l'Orient. Paris 1729.*
    en veau.
617 *Etat de Barbarie. Haye 1704.*
618 Historie van den Koophandel van alle Volkeren.
    Delft 1722. fr. bt.
619 *Nouveau Voyage autour du Monde, par Barbi-*
    nais. 3 vol. Paris 1728.
620 *Defcription de l'Ifle Formofa. Amft. 1705. fig.*
621 *Voyage & Avantures de Nogue en Europe. Haye*
    1728. en veau.
622 ———— *autour du Monde. 6 vol. Paris 1719. fig.*
    en veau.

M

623

623 *Voyage Hiſtorique & Politique de Suiſſe & d'Italie &c. Francf. 1736. 2 vol. fig.*

624 ——————— *de Monconys. 4 vol. Paris 1695. fig. en veau.*

625 ——————— *en Eſpagne & Italie, par Labat. Amſt. 1731. 8 vol. fig. en veau.*

626 ——————— *du Chevalier des Marchais en Guinée, par Labat 4 vol. ibid. 1733. fig. en veau.*

627 *Hiſtoire de l'Amerique Septentrionale, par Bucqueville. 4 vol. Paris 1722. fig en veau*

628 ——————— *de la Conquête de la Floride, par Soto, 2 tom. 1. vol. Leyde 1731. fig. en veau.*

629 *Recueil des Voyages au Nord. 10 vol. Amſt. 1734. fig.*

630 *Ambaſſades de la Compagnie Hollandoiſe vers l'Empereur de Japon. 2 vol. Paris 1722. fig*

631 *Memoires & Obſervations faites par un Voyageur en Angleterre. Haye 1698. fig.*

632 *Nouveau Voyage fait au Levant, par Tollot. Paris 1742.*

633 *Voyages aux Côtes de Guinée & en Amerique. Amſt. 1719. fig.*

634 *Hiſtoire de la Conqueſte de Mexique, par Ferd. Cortez. 2 vol. Paris 1714. fig. en veau.*

635 *Travels into Several Remote Nations of the World in four parts by L. Gulliver, Glaſgow 1750.*

636 *Hiſtoire des Indes Orientales, par Rennefort. 1689.*

637 *Voyages de Suiſſe, d'Italie &c. par Burnet. 1688.*

638 *Voyages de Fr. Bernier au Gr. Mogol. 2 vol. Amſt. 1699 fig.*

639 *Du Royaume de Siam, par Laubierre, 2 vol. ibid. 1691.*

640 *Voyages en Eſpagne, Portugal & Allemagne. 1700.*

641 ——————— *du Tour de la France. Paris 1713.*

642 ——————— *de François Coreal, ibid. 1722. 3 vol.*

643 ——————— *de Paul Lucas. Haye 1705.*

644 *Voyages en Angleterre, par Sorbiere.* Col. 1666.
645 ——— *de Dancourt. Paris* 1695.
646 ——— *de J. Ovington faits à Surate. &c. Paris* 1725. 2 *vol.*
647 *Relation des Côtes d'Afrique, par V. de Bellefond.
ibid.* 1669. *en velin. rar.*
648 Schotti Itinerarium Italiæ. Antv. 1625.
649 Deliciæ Germaniæ, Galliæ, Lusit. Hisp. Ital.
M. Britan. Col. 1609. 1613.
650 O. Magni Gentium Septentrionalium Historiæ
Breviarium. L B. 1645.
651 J. F. Leopold Relatio de Itinere suo Suecico.
Lond. 1720.
652 *Description du Premier Voyage fait aux Indes Orientales par les François en l'an* 1603. *par Fr. Martin de Vitré. Paris* 1604. *très rar.*
653 *L'Amerique Angloise. Amst.* 1688. *en veau.*
654 *Histoire de la Virginie. ibid.* 1712. *en veau.*
655 J. W. Vogels Ost-Indianische Reise-Beschrei-
bung. Altenb. 1716.
656 Von Rohr Merckwürdigkeiten des Ober-Hartzes.
Franckf. 1739.
657 *Voyage en Turquie, en Perce & aux Indes de Taver-
nier. Haye* 1718. 6 *tom.* 3 *vol. avec fig. en veau.*
658 *L'Utilité des Voyages par Dairval. Paris* 1693. 2
vol. avec fig.
659 *Voyage de Paul Lucas dans la Turquie, l'Asie &c.
Amst.* 1720. 2 *vol. avec fig..*
660 ——— ——— *au Levant. Haye* 1709. 2 *vol.
avec fig.*
661 ——— ——— *dans la Grece, l'Asie &c. Amst.*
1714. 2 *vol. avec fig.*
662 *Nouveau Voyage autour du Monde par Gentil. Paris*
1728. 3 *vol. en veau avec fig.*
663 *Relation Nouvelle d'un Voyage de Constantinople.
Paris* 1681· *avec fig. en veau.*
664 *Histoire de la Republique de Genes. Paris* 1697. 3
vol. en veau.

665 *Nouvelle Relation de l'Afrique occidentale par La-*
bat. Paris 1728. 5 vol. avec fig en veau.

666 *Voyage autour du Monde par Dampier, Rouen 1723.*
5 vol. avec fig. en veau.

667 *Nouveau Voyage dans l'Amerique Septentrionale*
par le Baron de la Hontan. Haye 1703. a 3 vol. avec
fig. en veau.

668 *Voyage de Dalmatie, de Grece & du Levant par*
Wheler. Haye 1723. 2 vol. avec fig. en veau.

669 *Relation du Voyage aux Côtes d'Afrique. Amst.*
1699. ave fig. en veau.

670 *Relations Historiques & Curieuses de Voyages par*
Patin. Amst. 1695. avec fig. en veau.

671 *Voyage Historique d'Italie. Haye 1729. 2 vol.*
en veau.

672 ——————— ——————— *d'Abissinie par Lobo. Amst.*
1728. 2 vol. fig. en veau.

673 *Les Voyages des Cyrus par Ramsay. Haye 1728. 2*
tom. 1 vol. en veau.

674 *Voyage dans la Palestine par la Rocque. Amst. 1718.*
avec fig. en veau.

675 *Voyage en Moscovie. Leyde 1688. en veau.*

676 *Le Voyage de France par Verdier. Paris 1665.*
en veau.

677 *Relation d'un Voyage fait en Dannemarc. Rott. 1707.*
2 vol. en veau.

678 ——————— *du Voyage d'Espagne. Haye 1693. 2 tom.*
1 vol.

679 *Voyage d'Espagne Curieux, Historique & Politique.*
1666.

680 *Memoires du Royaume de la Morée, par Coronelli.*
Amst. 1686. avec fig.

681 *Relation des Voyages & des Decouvertes dans les*
Indes Occidentales. Amst. 1698. en veau.

682 *Memoires de Molesworth. Nancy 1694.*

683 *Voyage en Italie, par Misson. Utregt 1722. 4 vol.*
en veau.

684 *Histoire des Revolutions des Païs-Bas depuis l'an.*
1559.

1559. *Jusques à l'an. 1584. Paris* 1727. 2 *vol. en veau.*

685 Reize naar de Baai van Hudson door Ellis. Leyde 1750. met platen.

686 Joberts van de Hedendaagsche Gedenkpenninge. Leyde 1728.

687 Historische Gedenkpenninge van Lodewyk de XIV. door Goeree. Amst. 1711. met pl.

688 *Histoire Secrette des Intrigues de la France.* 3 *vol. Lond.* 1713.

689 *Memoires pour servir à l'Histoire de France depuis* 1515. *jusq.* 1589. 2 *vol. Col.* 1719. *en veau.*

690 ——— *de Chavagnac. Amst.* 1700.

691 *Histoire de Ph. Em. de Loraine Duc de Mercœur. Col.* 1689. *en veau.*

692 *Memoires du Marquis de Beauveu. en veau.*

693 *Discours Merveilleux de Catharine de Medicis.* 1663.

694 *Histoire de France sous Louis XIV. par Larray.* 9 *vol. Rott.* 1722.

695 *Delices de la Grande Bretagne.* 8 *vol. Leyde* 1707. *fig. en veau.*

696 *Les Delices de l'Italie. Leyde* 1709. 6 *tom.* 4 *vol. avec fig. en veau.*

697 ——— *de l'Espagne & du Portugal. Leyde* 1707. 5 *tom.* 4 *vol. avec fig. en veau.*

698 ——— *de la Suisse. Leyde* 1714. 4 *vol. avec fig. en veau.*

699 ——— *de Leyde. Leyd.* 1712. *avec fig. en veau.*

700 ——— *de Rome Ancienne & Moderne. Leyde* 1713. 10 *tom.* 9 *vol. avec fig. en veau.*

701 ——— *de la Hollande. Amst.* 1678. *avec fig. en veau.*

702 *La Vie du Vicomte de Turenne, par Buisson. Col.* 1685.

703 *Memoires de Jean de Witt.* 1709. *en veau.*

704 ——— *du Sieur de Pontis. Amst.* 1694. 2 *tom.* 1 *vol.*

705 *Memoires de Brantome. Leyde* 1666 3 *vol. bis* 1699.
2 *vol. en veau.*

706 *Voyages d'Espagne. Cologne* 1666 *item Relation du Gouvernement d'Espagne.*

707 *Histoire de la Reunion du Royaume de Portugal.* 1680 2 *tom.* 1 *vol.*

6— 708 ———— *de la Bastille par Renneville. Amst.* 1724. 5 *vol. avec fig en veau.*

709 ———— *de Gusman d'Alfarache. Bruxel.* 1705. 3 *vol. avec. fig. en veau.*

710 *Les Illustres Françoises. Paris* 1725. 3 *vol. en veau.*

711 *Histoire du Calendrier Romain, par Blondel. Haye* 1684. *en veau.*

712 *Athenes Ancienne & Nouvelle & l'Etat present de l'Empire des Turcs. Paris* 1676. *en veau.*

713 *Memoires & Histoires de l'Academie Royale des Inscriptions & Belles Lettres. Amst. 1719.* 16 *vol. avec fig*

714 *Histoires & Memoires de l'Academie Royale des Sciences depuis* 1731. *Jusque* 1737. *avec la Table Generale des Matieres. Amst.* 1741. 15 *vol. avec fig.*

715 Guicciardini Descriptio Belgii. Amst. 1635. avec fig.

716 Leti Compendinm Historiæ Universalis. Lugd. Batav. 1643.

717 Hegeniti Itinerarium. Lugd. Batav. 1667.

718 Martini de Fello Tartarico Historiæ. Amst. 1655. lig. gal.

719 Suetonius Grævii. Amst. 1697. cum fig.

720 R. Hermannidæ Britannia Magna. Amst. 1661. cum fig.

721 Cellarii Geographia Antiqua. Cizæ 1687.

722 Cellarii Historia Antiqua. C. Zac 1685.

723 Nassouwer Helden Pronk-Tooncel. Amst. 1663. 2 deelen franse bande met platen

724 Fokkes Beschrpving van Amsterdam Amst. 1662. met platen.

725

725 Rompnsche Adelaar dooz Pers. Utregt. 1689.
3 deele met platen franse band.

726 Van Oozt Grickfen Adelaar. Dozt. 2 deelen met
platen franse band.

727 Platina Leven der Paufen. Amst. 1640. 2 deele
met platen fr. banden.

728 Den Engelschen en Munsterschen Oozlogh. Amst.
1668. met platen.

729 Leven en Dood van Olivier Czombel. Dozt.
1659.

730 ―――― van Gustabus Adolphus. Leyden 1698.
met platen.

731 Het Hoftooneel van Jacob en Karel. Gott. 1696.

732 Van Loon Inlyding tot de Penningkunde. Amst.
1717. met pl. fr. band.

733 De Napelsche Beroerte dooz Maaganiello. Amst.
1652.

734 Pomp Historie der Goden en Godinnen. Amst.
1730. met platen franse band.

735 Mauregnault Historische Observatien. Hage 1742.

736 Spon Historie van Geneve. Amst. 1688. met pl.

737 Historische Politique Werken van Malbezzi. Amst.
1679.

738 Nauwkeurig Verhaal der France Oostindische
Compagnie. Middelb. 1688.

739 Salustius Crispus Roomsche Historie. Gott. 1683.

740 De Republicq van N. Machiavel. Hage 1704.
2 deele fr. bt.

741 Beschryving van Poolen. Hage 1703. 2 deelen
france bande.

742 ―――― ――――― van Italien. Amst. 1703. met platen
fr. band.

Poëtæ in Octavo.

743 NOuvelles Parodies Bachiques mêlées de Vaude-
villes mis en Musique, par Ch. Ballard.
3 vol. Paris 1700. en veau.

744 *Tendreſſes Bacchiques , du même. Paris* 1712. *en veau.*

745 *Brunettes ou petits Airs tendres, avec les doubles & la Baſſe continue, du même.* 3 *vol. Paris* 1703. *en veau.*

746 *Le Paradis perdu Poëme Héroïque , par Milton.* 3 *vol. Haye* 1730. *en veau.*

747 *L'Imitation de J. Chriſt , par Corneille. Brux.* 1704. *en veau.*

748 *Oeuvres diverſes de Segrais.* 2 *Tom.* 1 *vol. Amſt.* 1723. *en veau.*

749 *Poëſies de la Monnoye. Haye* 1716.

750 *Oeuvres de Voiture.* 2 *vol. Amſt.* 1709. *en veau.*

751 *Satyres de Regnier. ibid* 1710.

752 *Nouveau Parterre du Parnaſſe.* 1739.

753 *Memoires pour ſervir à l'Hiſtoire de la Calotte. en veau.*

754 *Epigrammes, Madrigaux & Chanſons de le Bruin. Paris* 1714. *en veau.*

755 *Oeuvres de Pavillon. Haye* 1715. gr. pap. *en veau.*

756 *Recueil de Poëſies diverſes. Paris* 1726. *en veau.*

757 *Poëſies de Malherbe. ibid.* 1666. *en veau.*

758 ———— *de Mad. Deshoulieres ,* 2 *tom.* 1 *vol. Amſt* 1709. *en veau.*

759 *Oeuvres de Benſerade.* 2 *vol. Paris* 1697. *en veau.*

760 *Recueil des Poëtes François.* 5 *vol. Amſt.* 1692. *en veau.*

761 *Diverſitez curieuſes pour ſervir de Recreation d'Eſprit.* 7 *vol. Amſt.* 1696. *en veau.*

762 *Cabinet Jeſuitique.*

763 *Fables de la Fontaine.* 5 *tom.* 2 *vol. Amſt.* 1727. *fig. en veau.*

764 *Poëſies diverſes du Pere du Cerceau.* 1749.

765 *Oeuvres de Saraſin.* 2 *vol. Paris* 1683. *en veau.*

766 Terentii Cœmediæ. Glaſgoæ. 1742.

767 *Le je ne ſçai quoi.* 2 *vol. Utr.* 1730 *en veau.*

768 *Recueil des Piéces Galantes , par la Suſe.* 4 *Tom.* 2 *vol. Trevoux* 1725.

769 *Recueil des Epigrammes des Poëtes François.* 2 *vol. Paris* 1697.

770 Oeuvres de du Fresny. 6 vol. ibid. 1731. en veau.
771 Poësies du Sr. Regnier. 2 vol. ibid. 1707. en veau.
772 Recueil des Piéces Galantes tant en Prose qu'en Vers. 5 vol. Haye 1694. en veau.
773 Odes de la Motte 3 vol. Amst. 1711.
774 Berger Fidele, Fr. Italien. 1671.
775 Anti-Lucretius, Em. Cardinalis, M. de Polignac. Amst. 1748.
776 Telemachus in Carmine Redditns. Berol. 1745. avec fig.
777 Commentaires sur les Epitres d'Ovide, avec la Vie d'Esope, par B. de Mezeriac. 2 vol.
778 La Clé de la Perfection. Haye 1751.
779 Jani Douſæ Filii Poëmata. Rott. 1704.
780 Palingenii Zodiacus Vitæ. Rott. 1698.
781 Amours de Tibulle & Catulle. 5 vol. Paris 1713. en veau.
782 Satires de Perse de le Noble.
783 Poësies d'Anacrean & de Sapho. Amst. 1699. en veau.
784 Le Même. Rott. 1712. en veau.
785 Les Epigrammes d'Owen. Paris 1709. en veau.
786 Poëtique d'Aristote par Dacier. ibid. 1692. en veau.
787 Epitres Heroiques d'Ovide. ibid. 1732.
788 ————— Amoureuses d'Ovide. Haye 1685.
789 Oeuvres d'Ovide, par Martignac. 6 vol. lat. fr. Lyon 1697. en veau.
790 Oeuvres d'Horace par Dacier. 10 vol. Paris 1709. en veau.
791 ————— d'Horace par Tarteron. 2 vol. Amst. 1710. en veau.
792 Satyres de Perse & de Juvenal. Paris 1706. en veau.
793 L'Iliade Poëme, par la Motte. ibid. 1714. fig. en veau.
794 Nouveau Parterre du Parnasse François. 1739.
795 L'Iliade d'Homere par Mad. Dacier. 3 vol. Paris 1711. fig. en veau.
796 L'Odyssée du Même. Paris 1716. 3 vol. en veau.

N 2

797 *Oeuvres de Virgile par Catrou 6. vol. Paris 1715. en veau.*
798 *Apophthegmata Corn: Lycostheni. Paris 1564.*
799 ——————— *Idem liber. Genev. 1633.*
800 Theognidis Phocylidis Poëmata gnomica, Fr. Sylburgii Gr. Lat. Ultr. 1692.
801 *Oeuvres de Scarron. 10 vol. Paris 1709. en veau.*
802 *Description d'Amsterdam en vers Burlesques.*
803 *Recueil des Pieces Choisies de Nicole.*
804 *Moyse sauvé.*
805 Barlæi Poëmata. 2 vol.
806 R. Rapini Eclogæ. L. B. 1672.
807 V. Fabricii Poëmata. Amst. 1638.
808 Zevecotii Poëmata. L. B. 1625.
809 Cl. Paradin Symbola Heroica.
810 Nugæ Venales. 1663. lig. gal.
811 Jani Secundi opera. 1631.
812 Anacreontis & Saphonis Carmina Gr. Lat. T. Fabri. Saum. 1660.
813 Grobianus de Morum Simplicitate. lig. gal.
814 H· Grotii Poëmata. 1617.
815 Rosebomi Poëmata Varia. Gron. 1638.
816 Priapea G. Schoppi. Patavii 1664.
817 Virgilius Heinsii. Amst. 1676. Ch. Maj. doré.
818 J. Camerarii Symbola & Emblemata Francf. 1680.
819 Kinschoti Poëmata. Hagæ 1685.
820 B. Mantuani opera Poëtica Col. 1688.
821 H. Junii, Poëmata. L. 1598.
822 Broekhusii Carmina. Ultr. 1684.
823 Menagii Poëmata. Paris 1658.
824 Actii Sinceri Sannazarii Opera omnia. 1648.
825 Strateni Venus Zelanda Poëmata.
826 Hornii Epigrammata.
827 Bruinoos Mengelmoes. fr. band.
828 Werken van Fokkenbrog. 2 deelen 1696.
829 Minnezangen Kussen en drink-liederen. fr band.
830 Vondels Palamedes Treurspel en Hekeldigten. 1707. fr. band.

831

831 Smidts Gallery der uytmuntende Vrouwen met platen.
832 ——————— Roomsche Keyzers en Keyzerinne.
833 Gedigten van Westerbaan. 3 deelen fr. banden.
834 Beronicius Boere-en Overheyds-syrpd.
835 Bloemkrans van verscheyde Gedigten.
836 Kruls papiere Wereld met pl. fr. band.
837 Geuse-kost enz. fr. band.
838 Gevallen van Friso / door V. Haaren.
839 Masker van de Werelt door Portiers. met platen fr. bant.
840 Ydelheyt des Werelds door denselven. fr. bant.
841 Nederduytsche Mengelrymen.
842 Werken van Paffenrode.
843 Brunes nieuwe Wyn in oude leer-zakken.
844 Grauwhart Leerzame Zinnebeelde en Zweers Fabulen met pl. Item Hoogstrateni Æsopi Fabulæ.
845 Verscheide Gedigten en Schimpdigten van Jubenalis. 3 in fr. banden en 2 ingenaait.
846 Gedigten van Willem van Haren. 1722.
847 Dypkerus Harpstoffen over den Heidelbergfc Catechismus.
848 Gedigten van Jacob Cargier. Delft. 1737.
849 De vry Hupsilet Davids zynde in 't kort den heelen Bybel in Rym.
850 *Les Emblemes d'André Alciat. Paris* 1542.
851 *Oeuvres da Jean Marot. Paris* 1723. *en veau.*
852 *Poësies de Mad. Desboulieres.* 2 *vol.* 1704.
853 *Oeuvres en vers par l'Abbé de Villiers.*
854 ——————— *de Theophile. Rouen* 1643.
855 ——————— *de Ph. Desportes. ibid.* 1600.
856 *Recueil de Poësies Choisies de divers. Paris* 1666. *en veau.*
857 ——————— *de Chansons nouvelles & Choisies. Haye* 1740.
858 *Theatre Italien.* 6 *vol. Paris* 1700. *en veau.*
859 *Nouveau Theatre Italien.* 8 *vol. Paris* 1733.
860 *Parodies du nouveau Theatre Italien.* 3 *vol. ibid.* 1731. *en veau.*

N 3

861

861 *Oeuvres de Grosset. 2 vol. Amst. 1748.*
862 ——————— *de Pradon. Paris 1700. en veau.*
863 ——————— *de Passerat. Bruf. 1691 en veau.*
864 ——————— *de Dancourt. 9 vol. Paris 1729. en veau.*
865 *Comedies de Plaute par Gueudeville. 10 vol. Leyde 1719. fig. en veau.*
866 ——————— *de Plaute,. par le Fevre. 3. vol. Paris 1691. eu veau.*
867 ——————— *de Terence par Mad. Dacier. 3 vol. ibid. 1699. en veau.*
868 *Oeuvres de Champmelée. ibid. 1702. en veau.*
869 *Comedies d'Aristophanes , par Dacier. ibid. 1692. en veau.*
870 *Theatre de Baron. 2 vol. Amst. 1736.*
871 *Oeuvres de T. & Pierre Corneille. 10 vol. Amst. 1701. en veau.*
872 *Dito Oeuvres divers. Paris 1738.*
873 *Theatre de la Foire. 6 vol. Amst. 1726. en veau.*
874 *Recueil des Opera. 12 vol. en veau.*
875 ——————— *de diverses pieces de Theatre. Haye 1716. en veau*
876 *Theatre de Quinault. 2 vol. Amst. 1715. en veau.*
877 *Oeuvres de Crebillon. Paris 1722. en veau.*
878 ——————— *de Breueys. 2 vol ibid. 1735. manq. tom. 3.*
879 *Nouveau Recueil choisi & Mêlé des meilleures pieces du Theatre François. 8 vol. Haye 1743.*
880 *Theatre François. 8 vol. en veau & 2 broché.*
881 *Diverses pieces de Theatre.*
882 *Oeuvres de Moliere. 8 vol. Paris 1710. en veau.*
883 ——————— *de Destouches. 2 vol. Haye 1725. en veau.*
884 *Le même. Haye 1742. tom. 1. 2. & 4.*
885 *Oeuvres de Campistron. Paris 1715. en veau.*
886 ——————— *de Poisson ibid, 1679. en veau.*
887 ——————— *de Montfleury. 2 vol. ibid 1715. en veau.*
888 *Theatre de Bourfault. 3 vol. ibid. 1725. en veau.*
889 *Theatre de la Fosse. Amst. 1709. en veau.*
890 *Oeuvres de Regnard. 2 vol. Brux. 1711. en veau.*
891 ——————— *de Palaprat. 2 vol. Haye 1697. en veau.*
892 ——————— *de Hauteroche. Haye 1683.*
893 ——————— *de Rousseau. 3 vol. Rott. 1712.*

894

894 *Theatre de Barbier. Leyde* 1719.
895 ———— *de le Grand. Paris* 1731. *tom.* 1.2. & 4.
896 ———— *Oeuvres de Scudery. Paris* 1636.
897 *Theatre Espagnol. Haye* 1700 *en veau.*
898 *Le Parterre du Parnasse François. Amst.* 1709. *en veau.*
899 J. C. Scaligeri Poëmata; & Sophocles. 1591.
900 Pedonis Albinovani Elegiæ & Fragmenta: Corn. Severi Ætna & Fragm. cum not. Var. & Goralli (i. e. J. Clerici) Accessit P. Bembi Ætna. Amst. c. fig.
901 Horatius cum not. à Zurck. Harl.
902 ———————— Rutgersii. Ultraj. 1699.
903 ———————— Chabotii. Paris. 1582.
904 Vetustissimorum Poëtarum, Hesiodi, Theocriti, Theognidis, Moschi, Musæi &c. Opera Gr. Lat. Paris. 1628. lig. gal. rar.
905 *Poema de la Reyna Ester. Roman.* 1627.
906 *Il Pastor infido Pastorale da Castelli.* 1696.
907 *Oeuvres de Racine. 6 vol. belle Edition.*
908 *Ovide Bouffon ou les Metamorphoses en vers Burlesques. Paris* 1662.
909 *Oeuvres de Cl. Marot. 2 vol. Haye* 1702. *en veau.*
910 *Contes de la Fontaine. 2 vol. Amst.* 1709. *avec fig. en veau.*
911 *Oeuvres de Vergier. 2 vol. ibid.* 1731. *en veau.*
912 *Alaric ou Rome Vaincu, par Scudery. avec fig. en veau.*
913 *Nouveau Theatre Italien, par Biancolli.*
914 *Les Yeux, le Nez & les Tetons.*
915 *Oeuvres de l'Abbé du Villiers.*
916 Bogaart Griekfche en Romynsche Grootmoedigheeden, met plaaten.
917 Rymen over het Hooglied Salomons / door Oosterwyk.
918 Treurbrieven der Blakende Vorstinne van Ovidius door Cabeljau.
919 Overschie Christelyke Pligtbetragting. 1735.
920 Werken van S. van Rusting. 2 deelen fr. b.
921 Overbeeks Rymwerken. fr. b.

922 Soete Dypagie van Lalande en Elifabeth L'Eſte-
benon compl. fr. band.
923 Agt Tzeurſpeelen en Comedien.
924 Virgilius Cuningami. Edinburgi 1743. Nitid.
Editio.
925 Pindarus Gr. & Lat. Porti. Item Poëtarum
Lyricorum fragmenta. 1598.

Miſcellanei in Octavo.

926 C. Tacitus, apud Blauw. Amft. 1649.
927 C. Jul. Obſequens de Prodigiis, cum not.
Schefferi. Amft. 1679.
928 Senecæ Philoſophi opera omnia. Lipſ. 1741.
2 Tom.
929 Ant. Liberalis Metamorphoſes.
930 Petronii Satyricon. Accedunt cujus in Pria-
pum & alia, cum Notis Bourdelotii & Gloſta-
rio Petroniano Pariſ. 1677. lig. gal.
931 Opuſcula Mythologica, Ethica & Phyſica, Gr.
& Lat. Cantabr. 1671.
932 Polybius, Gr. Lat. Amft. 1670. 13 vol.
933 Alexander ab Alexandro. 2 vol. L. Bat.
1673.
934 Sulpitii Severi opera. L. Bat. 1647.
935 Senecæ opera. 3 vol. Amft. 1672.
936 Ciceronis opera omnia J. G. Grævii. Amft.
1688. 10 vol.
937 J. Cæſar Montanii. ibid. 1661.
938 Pervigilium Veneris. Hagæ 1712.
939 Hiftoriæ Auguftæ Scriptores. 2 vol. Lugd.
1672.
940 Valerius Maximus Thyſii. L. B. 1670.
941 Aulii Gellii Noctes Atticæ & Thyſi. ibid.
1666.
942 Idem Liber, opera P. D. Longolii. Curiæ
1741.
943 Suetonius Pitifci. 2 vol. Ultr. 1690.
244 Tacitus. 2 vol. Amft. 1685.

(932–944: cum Notis Variorum.)

945

945 Q. Curtius. L. B. 1696.
946 Petronii Satyricon. Amft. 1669.
947 C. Claudianus. Amft. 1665.
948 Juftinus. L. Bat. 1701.
949 Pomponius Mela de fitu orbis. Lugd. Bat.
    1722.
950 Florus Grævii. Amft. 1702.
951 Polyæni Stratagemata Maasvici. L. Bat.
    1690.
952 Horatius Amft. 1695.
953 Virgilius. 3 vol L. B. 1680.
954 Saluftius. Amft. 1690.
955 Ovidius Cnippingii. 3 vol. ibid. 1702.
956 Opufcula Mythologica, Phyfica & Ethica,
    Gr. Lat. ibid. 1688.
957 Catullus, Tibullus & Propertius. Ultraj.
    1659.
958 Terentius Schrevelii. L. B. 1657.
959 Mythographi Latini. Amft. 1681.
960 Plautus Gronovii. L. Bat. 1669.
961 Epictetus Berkelii, Gr. Lat. Lugd. Batav.
    1670.
962 Boëthius. ibid. 1671.
963 Juftinus Gronovii. ibid. 1719.
964 Minucius Felix Octavius. Lugd. Batav.
    1709.
965 Senecæ Tragœdiæ. Amft. 1682.
966 J. Juvenalis & Perfii Satyræ. Amft. 1684.
    bis caret titulo.
967 Aurelius Victor. L. Bat. 1670.
968 Fl. Aviani Fabulæ. Amft. 1731.
969 Erasmi Colloquia, per Screvelium. L. Bat.
    1664.
970 Corn. Nepos. Amft. 1687.
971 Barclaii Argenis & Satyricon. 3 vol. L. B.
    1664.
972 C. Plinii Hiftoria Naturalis. 3 vol. L. Bat.
    1669.
973 ———— Panegyricus. ibid. 1675.

cum Notis Variorum.

674 Petavii Rationarium Temporum. Lugd. Bat.
1710. lig. gal.

975 H. Kippingii Antiquitates Romanæ. ibid. 1713.
lig. gal.

976 Lucretius Th. Creech. Lond. 1717.

977 A. Th. Macrobii opera. ibid. 1694.

978 Horatius in Ufum Delphini. ibid. 1690.

979 Polydor Virgili Hiftoriæ Angliæ. Lugd. Bat.
1651.

980 Phœdri Fabulæ Laurentii. Amft. 1667.

981 Thefaurus Epitaphiorum Veterum ac Recen-
tium Selectorum opera Ph. Labbe. Parif. 1686.

982 Vetus Græcia Illuftrata Ub. Emmii. L. Bat.
1626.

983 Dionyfiii Halicarnaffei opera. Hanoviæ 1615.

984 Dionyfii Orbis Defcriptio, à G. Hill. Lond.
1679.

985 Xenophon Leunclavii. Francof. 1596.

986 Titi Livii Hiftoriæ opera T. Rudimanni. 4 vol.
Edimb. Nitid. Editio.

987 Plinii Hiftoria Naturalis. Lugd. B. 1635. 3
vol. corio Turcico deaur.

988 ―――― Epiftolæ & Panegyricus. ibid.
1640. Corio Turc. deaur.

989 Juftinus. L. B. 1640. lig. gal.

990 Velleius Paterculus. ibid. 1639.

991 Horatius Heinfii. 3 vol. ibid. 1629. corio
Turcico Deaur.

992 Florus Salmafii. ibid. 1638. lig. gal.

993 J. Cæfar Scaligeri. ibid. 1635.

994 Q. Curtius. ibid. 1633.

995 Ovidius. 3 vol. ibid. 1629.

996 Salluftius. ibid. 1634.

997 Virgilius. ibid. 1636.

998 Senecæ opera 4 vol. ibid. 1649.

999 Terentius. ibid. 1635.

1000 **Sulpiti Severii.** ibid. 1643.

1001 Claudianus. ibid. 1650.

1002 Ciceronis opera. 10 vol. ibid. 1642. lig.
gal.

apud Elzevier.

1003

1003 T. Livius. 4 vol. L. Bat. 1645. lig. gal.
1004 Tacitus. ibid. 1642. lig. gal.
1005 Erafmi Colloquia. ibid. 1643.
1006 Barclaii Argenis. ibid. 1630.
1007 ———— Satyricon. ibid. 1655
1008 Rei Venaticæ Scriptores Antiqui J: Vli-
tii, ibid. 1653.
1019 Buchanani Poëmata. ibid. 1681.
1010 Laus Afini. ibid. 1629.
1011 Oweni Epigrammata. ibid. 1628.
1012 *Pharfale de Lucain. Leyde* 1658.
1013 *De la Sageffe, par Charron. Leyde* 1646.
1014 *Il Paftor Fido. Amft.* 1642.
1015 Lucretius de Rerum Natura. Paris 1659.
1016 *Epigrammes de Martial.* 2 *vol.* 1655.
1017 *Oeuvres de Lucain.* 1654.
1018 *Terence.* 1659.
1019 *Seneque.* 2 *vol.* 1662.
1020 Papini ftatius. 3 vol. 1685.
1021 *Hiftoire de St. Gregoire.* 2 *vol.* 1668.
1022 ———— *des François de St. Gregoire E-
veque de Tours.* 1668.
1023 *Virgile.* 1662.
1024 *Epitome de l'Hiftoire Romaine de Florus,*
1656.
1025 *Oeuvres de Properce.* 1654.
1026 ———— *d'Ovide.* 7 *vol.* 1661.
1027 ———— *de Plaute.* 4 *vol* 1658.
1028 *Hiftoire d'Augufte des fix Autheurs Anciens*
1667.
1039 *Oeuvres d'Horace.* 2 *vol.* 1652.
1030 *Tibulle.* 1653.
1031 *Catulle* 1653.
1032 *Satyres de Juvenal.* 1657.
1033 *Memoires du Chevalier de Ravanne.* 2 *vol. Liege*
1740.
1034 *La Bergere Amoureufe, par Verdier. Paris* 1625.
en veau.
1035 *Hiftoire de Favorites, par la Rocheguilhen fig. Amft.*
1703.

apud Elzevier.

Le tout Lat. François, par Marolles Edition de Paris, en veau.

1036 Nieuwe geballen van Gozelli. 2 deelen.
1037 *Le Zodiaque de la Vie. Haye* 1731. *en veau.*
1038 *Les Amusemens des Bains de Bade. avec fig.* 1739.
1039 Nieuwe upsen van Gulliver. Hage 1731.
1040 *Les Femmes Militaires. Amst.* 1739. *fig.*
1041 *Histoire Comique de Francion.* 2 *vol. Leyde* 1721. *fig.*
1042 Anatomie der Barvoeter-Monniken Alcoran. Amst 1695.
1043 *Anecdotes Jesuitiques.* 3 *vol. Haye* 1740.
1044 *Prestre Chatré.*
1045 *Anecdotes ou Histoire Secrette de la Maison Otto-mane.* 3 *vol. Amst.* 1740.
1046 *Oeuvres de Rabelais, avec des Remarques Histori-ques.* 5 *vol. Amst.* 1711. *en velin..*
1047 *Les Caracteres de Theophraste.* 3 *vol. Col.* 1713. *en veau.*
1048 *Introduction à l'Histoire des Maisons Souveraines de l'Europe, par Buffier.* 3 *vol. Paris* 1717. *en veau.*
1049 *Les Oeuvres de le Noble Contenant ses Pasquina-des, Histoire d'Hollande, Pseaumes &c.* 19 *vol. Pa-ris* 1718. *en veau.*
1050 *Pensées ingenieuses des Peres de l'Eglise, par Bou-hours. Paris* 1700. *en veau.*
1051 ——————— *ingenieuses des Anciens, par Bouhours. Paris* 1693. *en veau.*
1052 *M. le Pays Amitiez, Amours & Amourettes.*
1053 ——————— *Nouvelles Oeuvres.*
1054 *L'Academie Universelle des Jeux.* 2 *vol. Leyde* 1721. *en veau.*
1055 *Avantures de Telemaque* 2 *vol. Paris* 1717. *fig. en veau.*
1056 *The Spectator by Steele.* 8 *vol. Lond.* 1723. *fr. h.*
1057 *Misantrope, par van Effen.* 2 *vol. Haye* 1726. *en veau.*
1058 *The Tatler by, Bickerstaf.* 4 *vol. Lond.* 1723. *fr. bind.*
1059 *Nouveau Recueil Contenant les Vies, les Amours & infortunes d'Abelard & d'Heloise. Anvers* 1722. *en veau.*

1060 *Valere Maxime. 2 vol. Paris 1659. en veau.*
1061 *L'Octavius de M. Felix, Lyon 1663. en veau.*
1062 *Les Dieux & la Religion des Payens, par Gau-*
truche Lat. Fr. en Duyts. Amst. 1734. fr. band.
1063 *Menagiana. 4 vol. Paris 1715. en veau.*
1064 *Metamorphoses d'Ovide, par Bellegarde. 2 vol. Pa-*
ris 1701. fig. en veau.
1065 *Recherches sur les Theatres de France, par Beau-*
champs. 3 vol. Paris 1735.
1066 *Satyre Menipée de la vertu du Catholicon d'Espagne*
3 vol. Ratisb. 1711. en veau.
1067 *La Galerie des Peintures. 2 tom. 1 vol. Paris*
1661.
1068 *Satyres de Petrone. 2 vol. Col. 1694. en veau.*
1069 *Contes de Bocace. 2 vol. fig. de R. de Hogue. Col.*
1712.
1070 *Histoire Amoureuse & Badine du Congres d'Ut-*
regt. bis.
1071 *Histoire de Fretillon. 4 parties.*
1072 *L'Ombre de Louvois, l'Esprit de Luxembourg*
Princesse Agathonice, Duc de Guise & Galanteries
Amoureuses de la Cour de Grece &c.
1073 *Pensées Morales de Louis XIV. le Grand Alexan-*
dre Frustré, Conseil Privé de Louis le Grand, &
la France Ruinée.
1074 *Roger Bontemps en Belle Humeur. en veau.*
1075 *La France Galante. 1695. fig. en veau*
1076 *L'Elite des Contes du Sr. Douville. 2 vol. en veau.*
1077 *Cornmanni de Virginitate, item Linea Amoris,*
item de Annulo Triplici.
1078 *Amours d'Arcan & de Belize.*
1079 *Galand Nouvelliste, Duc de Guise & les Morts*
Ressuscitez.
1080 *Nouvelle Talestris, Amours de Gregoire VII &*
l'Abbé en Belle Humeur.
1081 *La Clef du Cœur, double Cocu, Prince de Condé*
& l'Esprit de Trianon.
1082 Monne in 't Hemd.
1083 Openhartige Juffrouw. 2 deeltjes.
1084 Ipserus over de Veeluwberp.

1085 *La Religieuse interessée & Amoureuse.*
1086 *Memoires de la Comtesse de Tournemir.*
1087 *Annales Galantes. Haye 1700. en veau.*
1088 *Nouveaux Contes à Rire ou Recreations Françoi-*
　　　ses. Amst. 1699. fig. en veau.
1089 *Avantures du Baron de Jonsac. Utr. 1740.*
1090 *Oeuvres Galantes de Cotin. 2 vol. Paris 1665. en*
　　　veau.
1091 *Le Comte de Soissons. en veau.*
1092 *Mezerida Princesse de Ferando. 3 vol. Paris 1738.*
1093 *Histoire Abregée du Chevalier de la Plume Noire.*
1094 *Memoires du Marquis & Marquise de Fresne.*
1095 *Veritables Lettres d'Abelard & d'Heloise. 2 vol.*
　　　Paris 1713. en veau.
1096 *Nouveau Recueil de la Vie, les Amours, les infor-*
　　　tunes d'Abeardt d'Heloise. Amst. 1713.
1097 *Histoire d'hypolite Comte de Douglas. 2 vol. Paris*
　　　1726.
1098 *Memoires de Gaspart Comte de Chavignac. en*
　　　veau.
1099 *Lettres d'une Religieuse Portugaise. en veau.*
1100 *La Fille Errante 19 tom. 3 vol. Paris 1741.*
1101 *Histoire de Fretillon, 4 Partie 1 vol.*
1102 J. van der Ketten Appelles Symbolicus. Amst.
　　　1699 cum fig. 2 tom. lig. gal.
1103 A. Alciati Emblemata. Francof. 1567. cum fig.
1104 Amoris Divini & humani Antipathia. Antv.
　　　1636. cum fig. lig. gal.
1105 J. Flitneri Nebulo Nebulonum hoc est Joco-
　　　feria Modernæ. Francof. 1620. cum fig.
1106 L. Smits Pictura Loquens. Amst. 1695. cum fig.
1107 { *C. Paradin Devises Heroiques & Emblemes.*
　　　　Paris 1622. avec fig. en veau.
　　　 { *A. d'Amboise Traité des Devises. Paris 1620.*
　　　　avec fig.
1108 A. de Boot Symbola Varia Diverforum Prin-
　　　cipum. Amst. 1686. cum fig. lig. gal.
1109 J. Typoti Symbola Divina & humana Pon-
　　　tificum, Imperatorum, Regum. Arnh. 1676.
　　　cum fig.

1110 Z. Boxhornii Emblemata politica. Amst. 1651. cum fig.

1111 Brouwerius van Niдock Zedelyke Zinnebeelden der Tonge. Amst. 1716. met platen franse band groot papier.

1112 〃 Grauwhart Voorbeeldelyke Zedeleßen. Amst. 1725. met platen
—————— Leerzame Zinnebeelden. Amst. 1727 met platen.

1113 D. Willinks Bloemkrans van Gedigten. Amst. 1714. met platen.

1114 —————— Amsterdamsche Tempe. Amst. 1712. met platen.

1115 G. Klinkhamer Leerzaame Zinnebeelden. Amst. 1740. 2 deelen met platen.

1116 J. A. Castro ongemaskeerde Liefde. Antw. 1686. met platen.

1117 De Ongestadighe Menshept met platen.

1118 Sedige Onderwysen der Creaturen. Antw. 1649. met platen.

1119 Savedra Symbola Politica. Amst. 1659. cum fig.

1120 Tempe Helvetica. Tiguri 1736. 2 vol.

1121 *L'Espion dans les Cours des Princes. tom. 1 a 6. à Cologne 1715. tome 7 à Lond. 1747.*

1122 *L'Espion Turc à Francfort Lond. 1741.*

1123 *Cabinet des Nouvelles pour l'an 1744.*

1124 *Histoire Genealogique des Tatars Leyd. 1726. avec des Cartes Geogr.*

1125 *Le Grand Cydromedia seu sermo A. de la Vida de Monarchia. 1680.*

1126 *Science des Princes, ou Considerations Politiques sur les Coups d'Etat par Naudé avec des Reflexions de . . . . . 1673. gros livre très rare.*

1127 Barclai Icon Animorum. Franc. 1675. Follini Speculum Nat. Hum. Col. 1649. Portæ Physiognomia coelestis. L. B. 1645.

1128 *L'Anti - Machiavel &c. Lond. 1741. première Edition.*

1129 Von den Ursachen des Krieges Petri I. gegen Schweden. Petersb. 1716. lig. g.

1130 Satyra Diabetes five Arbiter rerum. L. B.
1131 ———— Cras credo, hodie nihil. ibid. 1621.
1132 Ruggle Ignoramus Comœdia. Lond. 1737.
1133 Elegantiores præſtant. Viror. Satyæ. L. B. 1655. 2 vol.
1134 *La Conduite de Mars. Haye 16°5.*
1135 Diſſertationum ludicrarum & Amoenitatum Scriptores varii. L. B. 1644.
1136 Friſchlini, Bebelii, & Poggii Facetiæ. Arg. 1600.
1137 *Avantures de Henriette Moliere.*
1138 𝕳𝖆𝖗𝖔𝖔𝖘 𝕷𝖔𝖋.
1139 *Amours de Daphis & Chloë. avec fig.*
1140 𝕺𝖛𝖎𝖉𝖎𝖚𝖘 𝖉𝖔𝔬𝔯 𝖁𝖆𝖑𝖊𝖓𝖙𝖞𝖓 3 𝖉𝖊𝖊𝖑𝖊 𝖒𝖊𝖙 𝖕𝖑𝖆𝖙𝖊𝖓.
1141 𝖀𝖕𝖙𝖑𝖊𝖌𝖌𝖎𝖓𝖌 𝖔𝖕 𝖉𝖊 𝖁𝖊𝖗𝖘𝖈𝖍𝖊𝖕𝖕𝖎𝖓𝖌 𝖛𝖆𝖓 𝕺𝖛𝖎𝖉𝖎𝖚𝖘.
1142 𝕳𝖆𝖆𝖌𝖘𝖈𝖍𝖊 𝕾𝖆𝖑𝖊𝖙-𝕵𝖚𝖋𝖋𝖊𝖗𝖘.
1143 *Bellegarde Modelles de Converſations.*
1144 ———— *Politeſſe des Mœurs. bis.*
1145 ———— *ſur le Ridicule.*
1146 ———— *Lettres de Litterature.*
1147 *Critique ſur la Loterie par Leti. 2 vol. en veau.*
1148 *Nouvelle Converſation de Morale. en veau.*
1149 *Gaſconiana. en veau.*
1150 Tolli de Calumnia.
1151 *L'Uſage des Adverſitez par Rabutin.*
1152 𝕾𝖙𝖎𝖌𝖙𝖊𝖑𝖞𝖐𝖊 𝕿𝖗𝖆𝖈𝖙𝖆𝖆𝖙𝖏𝖊𝖘 𝖛𝖆𝖓 𝕼𝖚𝖊𝖛𝖊𝖉𝖔.
1153 *Oeuvres Diverſes de Balzac. 6 vol.*
1154 *Le Conte de Tonneau par Swift. 2 vol. gr. pap. en veau.*
1155 *Traité de la Peinture & de la Sculpture par Richardſon. 3 vol. Amſt. 1728. en veau.*
1156 *Oeuvres de St. Real. 5 vol. Haye 1722. en veau.*
1157 *L'Odyſſée d'Homere par Mad. Dacier. 3 vol. Amſt. 1717. fig. en veau.*
1158 *L'Art de Mediter ſur la Garde-Robbe. en veau.*
1159 *Memoires d'Anne Marie de Moras. 4 parties 2 vol.*
1160 ———— *Anecdotes de du Liz.*
1161 *Sopha Conte Moral. 2 vol. 1742.*

1162 Ph. Munkerus de intercalatione. Lugd. Batav.
  1680.
1163 *Les Chats. fig. en veau.*
1164 *Jean Dance mieux que Pierre, Pierre Dance mieux* — 4 — 15
  que Jean. 5 vol. en veau.
1165 *Memoires du Comte de Bonneval. 2 tom. 1 vol.*
1166 *Nouveaux Memoires de Bonneval.*
1167 *Anecdotes Venetiennes & Turques ou Nouveaux*
  Memoires de Bonneval. 2 tom. 1 vol.
1168 *Memoires du Duc d'Ormond. 2 tom. 1 vol.*
1169 Gebeurteniſſe van Anna Maria de Maallp.
1170 Beverwyk van d'Uytmentheyt des Vrouwelp-
  ken geſlagts.
1171 Heydenſche Afgoden-Beelden &c. Haarlem 1646.
1172 *Morale de Tacite de la Flaterie, par la Houſſaie.*
1173 Temple verſcheyde Tractaten.
1174 Dictys Cretenſis. apud Blauw.
1175 Lepoſe Straadſchender.
1176 Eraſmus de Copia Verborum.
1177 Duplierus Voozbeeldſels der Oude Wyſen 1714.
1178 Hobbes Burgerſtaat en Leviathan. 2 deele.
1179 Lof-Tooneel der Vrouwlpke Sexe. fr. bt.
1180 Den Gevange en Geſtrafte Smaus. 2 deelen.
1181 *Tours de Maitre Gonin. 2 vol. Paris 1713. en v.*
1182 Jonktys Tooneel der Jaloſie. 2 deele.
1183 Practpk der Dieven.
1184 Conſultatie Tegens Venus qualen.
1185 Malvezzi over Tacitus.
1186 Barclai Argenis en Satyricon/en Schrpfzaal van
  Apol. 3 deele.
1187 *Heros Chretien par Steele.*
1188 *Vie & Avantures de Robinſon Cruſoe. 3 vol. Amſt.* 4 — 6
  1721.
1189 P. Abraham Judas den Aartſchelm. 3 deele.
1190 ———— lets voor Alle. 2 deele met plate.
1191 ———— wel voorſiene Wynkelder. met plate.
1192 ———— gekkhept der Wereld. 2 deele met plate.
1193 ———— Kappelle der Doode. met plate.
1194 ———— Marrinne-Spiegel. 2 deele met plate.
P 1195

1195 P: Abraham Duttig Mengelmoes. met plate.
1196 ———— 's Werelds Mop en Leelpk. 2 deele
met plate.
1197 Van Deventer laatste Monarchie. Hage 1708.
fr. band.
1198 Goeree Inlyding tot de Teykenkonst. fr. band.
1199 ———— Mensch-kunde met platen fr. band.
1200 ———— Bouwkunde fr. band
1201 Ware intrest van 't Misleyde Nederland en andre
Tractaten. Hage 1742.
1202 Onderwys tot Musyk. Hage 1743.
1203 Jagt-Praatje Tuschen een Lyenaar Groninger en
en Franequer.
1204 Verhandeling van Landeryen en Tegenstellinge.
1205 Avanturen van de Roomsche Lief vouw van As-
sisien. fr. band.
1206 Volmaakte Sectetaris Duyts en Frans.
1207 Palæphatus ongelooflyke Historien.
1208 Hornii Arca Noë.
1209 ———— Orbis Politicus.
1210 ———— Orbis imperans.
1211 ———— Historia Ecclesiastica.
1212 ———— Dissertationes Historicæ & Politicæ.
1213 Annæ Mariæ Schurmanniæ Opuscula. 1650.
1214 Jani Erasmi opera Posthuma. 2 deele.
1215 Proverbia P. Godofredi. Paris 1555. apud
C. Stephanum
1216 Palæphatus de incredibilibus. Francf. 1686.
1217 *Curiositez inouyes sur la Sculpture Talismanique
&c. par Gafarel. 1637. lig. gal.*
1218 *Zayde Histoire Espagnole par Segrais. en veau.*
1219 *Le Censeur. en veau.*
1220 *La Bagatelle. 2 tom. 1 vol. en veau.*
1221 *Lettres de la Marquise de Mr. en veau.*
1222 *La Saxe Galante. en veau.*
1223 *Eloge de la Folie par Erasme. avec fig. Leyde
1713.*
1224 *Le Chef d'Oeuvre d'un inconnu. 1714.*
1225 *Memoires Politiques, Amusans & Satyriques. 3 vol.
Veritopoli. 1735.*

1226

1226 *Histoire de la Vie de Fenelon.*
1227 *Lettres sur la Hollande.*
1228 *Tableau de la Cour de Rome. en veau.*
1229 *L'Art de Bien Chanter par Bavilly. Paris 1668. en veau.*
1230 *Les Solitaires en Belles Humeurs. 2 vol. Paris 1722.*
1231 *Les Entretiens d'Ariste & d'Eugene par le Pere Bouhours. Paris 1683. en veau.*
1232 *L'Oedipe & l'Electre de Sophocle. Paris 1692. en v.*
1233 *De la Divination de Ciceron, par Des Marais.*
1234 *Reflexions pour Gouverner & Augmenter l'Etat. Leyde 1739.*
1235 *Galanteries des Rois de France. 2 tom. 1 vol.*
1236 *Ciceron de l'Orateur par Collon. Paris 1737.*
1237 *Apologie pour Herodote par H. Etienne. 1566.*
1238 *L'Octavius de M. Felix. Amst. 1683.*
1236 *Considerations sur les Causes de la Grandeur des Romains & leurs Decadence. 1734.*
1240 *Causes des Troubles des Provinces Unies. 1747.*
1241 *Anti-Machiavel. 2 vol. Haye 1741.*
1242 ——— *Machiavel de Voltaire. 1740.*
1243 *Diverses Comedies & Tragedies de Voltaire.*
1244 *Paysan Parvenu. 5 tom. 1 vol.*
1245 *Methode Abregée a la Geographie par Fer. Haye 1706. en veau.*
1246 *Recueil de Pieces Fugitives. Rott. 1743.*
1247 *Avantures de J. Andrews. 2 vol. Amst. 1744.*
1248 *Gracian l'Homme de Cour. en veau*
1249 ——— *l'Homme detrompé. 3 vol. en veau.*
1350 *Souverains du Monde. 4 vol. Paris 1718. en veau.*
1251 *Les Lecons de la Sagesse sur les Defauts des Hommes. 3 vol. Haye 1744.*
1252 *Amusemens de la Hollande. 2 vol. Haye 1740.*
1253 *Parelle des Romains & des François. 2 vol. Haye 1741.*
1254 *Histoire du Droit Public Ecclesiastique François. 2 vol. Lond. 1737.*
1255 ——— *du Systeme des Finances sous la Minorité de Louis XV. 6 tom. 3 vol. Haye 1739.*

 1256

1256 *Oeuvres de la Marquise de Lambert avec un abré-*
gé de sa Vie. 1748.
1257 *Abregé de la Geographie de Hubner.* 2 vol. Amst.
1735
1258 *Histoire de la Papesse Jeanne par Spanheim.* 2 vol.
Haye 1720.
1259 *Bibliotheque des Dames par Steele.* en veau.
1260 *Traité dn Vrai merite par Clavelle.* 2 vol. Haye
1742.
1261 *L'Atalantes de Mad. Manly.* 3 vol. Lond. 1713.
1262 *Geographie de Robbe.* 2 vol. 1688 en veau.
1263 *Methode pour Etudier la Geographie* 4 vol. Amst.
1718. en veau.
1264 *Amusemens des Eaux de Spa,* 2 vol. fig. en veau.
1265 *Lucien d'Ablancourt.* 2 vol. en veau
1266 *L'Art de parler, par l'Amy.* Haye 1725. en veau.
1267 *Philippiques de Demosthene, avec des Remarques.*
Anvers 1707. en veau.
1268 *L'Art des Emblêmes, par Menestrier. Paris* 1684.
en veau.
1269 ———— *des Devises du Mesme.* ibid, 1686. en veau.
1270 *Philosophie des Images du même.* ibid. 1682. en veau,
1271 *Fables Heroïques, par Audin.* 2 tom. 1 vol. fig. ib.
1660
1272 *L'Art Heraldique, par Baron. Paris* 1678. avec
fig. en veau.
1273 *Les devoirs des Dames.* Amst. 1709. en veau.
1274 *Memoires de Jean Macky.* Hagye 1733. en veau.
1275 *Bibliotheque des Theatres. Paris* 1733.
1276 *Lettres sur les Anglois.* 1735.
1277 *L'Art de Parler.*
1278 *De l'Education des Dames. Paris* 1674. en veau.
1279 *Epitres sur divers Sujets.* 1740.
1280 *Geographie de la Croix.* tom. 2. 3. 4. & 5. en veau.
1281 *L'Homme d'un livre Leyde* 1718.
1282 Gedrag van de Hertogin van Marlbouroug.
1283 *L'Tpocondre ou la femme qui ne parle point, par*
Rousseau 1737.
1284 *Les derniers Efforts de l'Innocence Afligée.*
1285 *Bibliotheque de Sentences de Morale,* en veau.

1286

1286 *L'Education des Enfans, par Locke.* 1721.
1287 *Prudence Humaine, par J. de la Cour.* 1744.
1288 *Vrais Principes de la langue Françoise, par Ge-rard. Amst.* 1747.
1289 *Synonymes François, par Olivet. Amst.* 1748.
1290 *Methode pour etudier l'Ortographe Françoise. Haye* 1742.
1291 *Abregé de la Langue Latine de Port-Royal. bis.*
1292 *Grammaire fr. & Angloise, par Mauger* 1713.
1293 Ciceronis Epistolæ per Valkenaar. 4 vol. Leov. 1716.
1294 Vossii Rethorica Contracta. Amst. 1685.
1295 Comenii Janua Linguarum. Amst. 1740.
1296 Verwey Nomenclator. Hagæ 1687.
1297 J. Bloems stigtelyke Versen.
1298 Heinecci Prælectiones Academicæ in S. Puf-fendorfii de Officio Hominis, Berol. 1742.
1299 ———— Dictata ad Elementa Juris Civilis, ib. 1744.
1300 ———— Prælectiones Academicæ in Gro-tium de Jure Belli. ib. 1744.
1301 ———— Elementa Philosophica. ib. 1744.
1302 Buddei Institutiones Philosophiæ Ecclecticæ. Hal. 1712. Teichnegeri Amœnitates Philos. natur. Jen. 1712. h. b.
1303 Gassendi Exercit. Parad. adversus Aristoteleos: & Bassonis Philosophia natur. adversus Aristot. Amst. 1649. h. b.
1304 ——— Disquis. Metaphys. Anti-Cartesiana. Ultraj. 1691. de Vries de Cartesii meditatio-nibus. ibid. h. b.
1305 Huetii Censura Philosophiæ Cartes. Camp. 1690. h. h.
1306 Des Cartes Meditat. de prima Philosophia cum object. & resp. Amst. 1642. h. b.
1307 Digbæi demonstrat. immortalitatis animæ. Francf. 1664. h. b.
1308 Commenii Pansophiæ Prodromus, & alia. L. B. 1644. h. b.
1309 Boeklers Schola militaris. Fft. 1706. h. b.

1311 Cohaufen de Phofphoris. Amft. 1717. lig. gal.
1312 Gaffarelli Curiofitates innauditæ &c. cum not. Michaëlis. Hamb. 1676. h. b.
1313 Robinfoni Eudoxa feu Quæft. mifcell. Lond. 1656.
1314 Beverovicii Epiftolicæ Quæftiones. Rott. 1644. h. band.
1315 Jænichii Meletemata Thorunenfia, feu differtationes varii argumenti Thorum. 1726. &c. 3 tomi in 1 vol. hoorn band cum fig.
1316 *Bibliotheque Choifie, par J. le Clerc. Amft. 1718. 28 vol.*
1317 ——————— *Univerfelle & Hiftorique. Amft. 1687. 26 tom. en 23 vol. en veau*
1318 ——————— *Ancienne & Moderne. Amft. 1714. 29 vol. en veau.*
1319 *Journaal Literaire dep. 1713 jufque 1737. Haye 1715 23 vol.*
1320 *Mercure Galant par Frenoy. Haye 1710.*
1321 *Nouveau Journal des Sçavans dreffé à Rotterdam par Chauvin. 1694.*
1322 *Giornali de' Letterati d'Italia. Venez. 1710. &c. tom. 1-38. en 39. vol. complet.*
1323 *Supplementi al Giornail de' Letterati d'Italia. ibid. 1722. &c. tom. 1-3. complet.*
1324 *Offervationi Litterarie. Veron. 1737. &c. tom. 1-5.*
1325 *Recueil des Harangues de l'Academie Françoife. ibid. 1709. 2 vol. en velin.*
1326 *Apologie pour Herodote par H. Eftienne. Haye 1735. 2 vol. en velin.*
1327 *Le Glaneur. à la Haye 1731. &c. 3 vol. complet. en veau. rar.*
1328 *Le Cofmopolite ou Citoïen du Monde. 1750.*
1329 Mercurii Britannici Mundys alter & idem. Ultraj. 1643. h. b.
1330 Horniceji Soteia Rigenfia. Rig. 1665.
1331 *A. Short View of Tragedy, by Rymer. Lond. 1693. lig. gal.*
1332 *Un Recueil de Comedies Nouvelles.*
1333 Cocceji Neuefte Koch-Buch. Francf. 1735. h. b.
1334 *The Compleat Cook by Carter. Lond. 1736.*

1335 Die Oeconomische Fama. 10 stücke complet. Francf. 1733 h. b.

1336 J. von Feldeck Hauß-und Landes-Wirtschaft. ibid. 1730. h. b.

1337 Von Goechhausen Notabilia Venatoris Weim. 1732. h. b.

1338 D. Meier Arcana & Curiositates Oeconomicæ. 1706. h. b.

1339 *L'Art de Nager par M. Thevenot. Paris* 1696. *fig. en velin.*

1340 *Arts Treasury, by J. White. Lond.* 1688. *engl. b.*

1341 *Traité des Feux d'artifice, par Frezier. Paris* 1715. *en veau.*

1342 *L'Art de la Verrerie, par Blancourt. ibid.* 1697. *en veau.*

1343 Bechers Narrische Weißheyd enz. 1706. fr. b.

1344 Portâ Magia Naturalis. L. B. 1651. lig. ang.

1345 Martii Unterricht von der Magia Naturali. Francf. 1740. h. b.

1346 *Brown Essai sur les Erreurs populaires. Paris* 1733. 2 *tomes en* 1 *vol. en veau.*

1347 R. Boyle de Gemmis. Lond. 1673.

1348 —— de Atmophæris corporum. L. B 1676.

1349 —— de particularium Qualitatum origine. Lond. 1691.

1350 —— Paradoxa hydrostatica. Rott. 1670. de latentibus qualit. aëris, & alia ibid. 1676

1351 —— de aëris rarefactione, virtute elastica &c. Lond. 1670. Item de Qualitatibus rerum Cosmicis. ib. 1672. & alia.

1352 —— Exprimenta de vi äeris elastica Rott. 1669.

1353 —— Experimentorum Continuatio. Lond. 1680.

1354 —— Tentamina Physiologica &c. Amst. 1667.

1355 —— Tentamen Porologicum. Lond. 1684. Item de Natura. ib. 1687.

1356 —— Chymista Scepticus. Rott. 1668.

1357 R. Boyle de Coloribus. Lond. 1665. & de A-
     damante. ib. 1664.
1358 ——— *Experiments touching the Relation betwixt
     flame and air &c. Lond. 1672.*
1359 ——— *of mineral waters, ibid. 1684. of languid
     motion. ibid. 1690. Item of the insalubry, of the
     air. ib. 1690.*
1360 ——— de Remediis specificis. ib. 1686.
1361 ——— Historia Naturalis Sanguinis humani.
     ibid. 1684. Deeze van Boyle meest alle ge-
     bonden.
1362 D. Sennerti Epitome Naturalis scientiæ. Amst.
     1651. h. b.
1363 T. C. Consentini Progymnasmata Physica.
     Francof. 1660. item A. Maurocordati pneu-
     maticum instrumentum circulandi Sanguinis.
     ib. & Horstius de Chirurgia infusoria. rar.

F I N I S.